LA VÉRITABLE ASTROLOGIE CHINOISE

Données de catalogage avant publication (Canada)

Chang, Hua Hu, 1954-

La véritable astrologie chinoise

ISBN 2-7640-0270-X

1. Astrologie chinoise. 2. Zodiaque. I. Titre.

HF1714.C5C43 1999 133.5'9251 C98-941249-0

LES ÉDITIONS QUEBECOR
7, chemin Bates
Outremont (Québec)
H2V 1A6
Téléphone: (514) 270-1746

Bibliothèque nationale du Québec
Bibliothèque nationale du Canada
ISBN 2-7640-0270-X

Éditeur: Jacques Simard
Coordonnatrice à la production: Dianne Rioux
Conception de la page couverture: Bernard Langlois
Photo de la page couverture: Yashima Gakutel / Superstock
Révision: Jocelyne Cormier
Correction d'épreuves: Francine St-Jean
Infographie: Composition Monika, Québec

Nous reconnaissons l'aide financière du gouvernement du Canada par l'entremise du Programme d'Aide au Développement et l'Industrie de l'Édition pour nos activités d'édition.

LA VÉRITABLE ASTROLOGIE CHINOISE

Hua Hu Chang

INTRODUCTION*

La légende veut qu'avant sa mort, Bouddha convoqua tous les animaux de la forêt, mais qu'à sa grande surprise seulement douze se présentèrent. Pour les remercier, il aurait alors décidé de consacrer à chacun une année, selon leur ordre d'arrivée. Le premier fut le Rat, suivi par le Bœuf, le Tigre, le Lapin, le Dragon, le Serpent, le Cheval, la Chèvre, le Singe, le Chien, le Coq et, enfin, le Cochon. Le calendrier lunaire chinois, conçu à partir de ces douze animaux, ne fut créé qu'en l'an 2637 avant Jésus-Christ par l'empereur Huang Ti, au cours de la 61e année de son règne. Cette astrologie existe depuis ce moment et, encore aujourd'hui, elle continue de nous intéresser d'autant plus qu'elle nous révèle certains traits de notre personnalité dont nous n'avons – ou n'avions – pas toujours pris conscience; elle nous offre également un aperçu de nos aptitudes et de notre potentialité. Bref, elle nous permet de jeter un coup d'œil différent sur ce que nous sommes et, surtout, sur ce que nous pouvons être.

---

* Dans cet ouvrage, le masculin n'a été utilisé que dans le seul but d'alléger le texte.

LES COMPOSANTES DE L'ASTROLOGIE CHINOISE

Certains diront certainement que le calendrier chinois est plus difficile à comprendre que le calendrier occidental; cela n'est pas totalement faux. Si le calendrier occidental est basé sur les mouvements du Soleil, le calendrier chinois, lui, est tributaire des mouvements de la Lune. De par cette différence fondamentale, il est effectivement plus complexe sur bien des points. Mais il possède, en raison même de cette complexité, une plus grande précision.

Le but de cet ouvrage est de vous fournir plus de renseignements que ne le font les autres livres consacrés à l'astrologie chinoise. Constituant ce que nous estimons être un habile compromis entre une plate vulgarisation et l'ouvrage savant, ce livre vous fera non seulement connaître les particularités de chacun des signes (que les Orientaux nomment emblèmes) de l'astrologie chinoise, mais aussi comprendre les bases de cette astrologie.

Même s'il n'existe que douze emblèmes et que chacun a cours durant un an, il faut soixante ans à l'astrologie chinoise, et non pas douze comme dans l'astrologie occidentale, pour compléter un cycle. En effet, chacun des douze emblèmes, qui ont par ailleurs un pôle soit positif (yin), soit négatif (yang), est placé sous l'égide d'un des cinq éléments reconnus par les Orientaux, c'est-à-dire le métal, l'eau, le bois, le feu et la terre. Il faut donc, pour accomplir un cycle complet, multiplier douze emblèmes par cinq éléments, ce qui donne soixante ans. En outre, chacun de ces éléments est gouverné par une planète, soit Vénus, Mercure, Jupiter, Mars ou Saturne.

D'autre part, dans ce calendrier lunaire, la journée débute à 23 heures et elle est divisée en douze segments de deux heures, chacun étant représenté par l'un des douze animaux mentionnés précédemment. L'heure de naissance indique l'ascendant du signe, aussi nommé compagnon de route. À chacun des éléments correspondent une planète, une saison, un point cardinal et un organe majeur du corps humain.

En consultant le tableau 1 (voir à la page 19), vous remarquerez donc, par exemple, que le Cochon est un signe au pôle négatif (yang), qu'il est sous la tutelle de l'élément eau qui, lui-même, correspond au nord, à l'hiver, et est associé au bon fonctionnement des reins. Vous verrez également que l'élément terre est absent de ce tableau. La raison en est simple: les grands sages chinois ont décrété qu'en tant que représentante symbolique contenant les quatre autres éléments, la Terre ne pouvait être attribuée qu'à un seul des douze emblèmes. Cependant, on lui attribue le pancréas comme organe majeur.

Pour chacun des emblèmes chinois, nous vous indiquerons son nom chinois, son ordre parmi les autres signes, sa polarité (négative ou positive), l'élément dont il relève, son signe zodiacal, le mois et la saison qui y correspondent, sa direction cardinale et, enfin, les heures où son influence prédomine.

Qu'est-ce que la polarité?

Depuis des temps immémoriaux, les Chinois se sont en quelque sorte spécialisés dans plusieurs domaines; que l'on pense seulement ici à la philosophie, à la religion ou à la médecine que nous, Occidentaux, avons parfois du mal à déchiffrer et à comprendre. Toutefois, plus importante encore est cette notion fondamentale sur laquelle se sont appuyées ces disciplines: le yin et le yang.

Le yin et le yang représentent deux forces qui sont parties intégrantes de chacune des particules qui composent l'univers. En Occident, on parle plus communément de polarité, de positif ou de négatif, et c'est dans le domaine des sciences que cette notion est la plus employée. Mais les Chinois, eux, lui accordent une importance beaucoup plus grande et beaucoup plus ponctuelle.

Ainsi, selon ce peuple, pour maintenir un mouvement harmonieux en soi et dans son environnement, il faut absolument que ces deux forces soient parfaitement équilibrées. Lorsqu'un des deux pôles est négligé, en état de carence, qu'il présente des lacunes ou est insuffisamment ou imparfaitement entretenu, soigné ou cultivé, il en résulte des désordres de tous genres, des perturbations et des dérèglements allant du simple petit malaise à la maladie mortelle, d'une légère confusion aux troubles les plus graves de la personnalité, de la plus enchanteresse harmonie au chaos le plus total.

Il est essentiel de comprendre dès maintenant qu'un élément de polarité négative n'est pas, en soi, quelque chose de mauvais ni de négatif dans le sens qu'on l'entend généralement, pas plus que la polarité positive n'entraîne automatiquement la supériorité ou une distinction favorable. Les notions de bien et de mal, de bon et de mauvais ne doivent aucunement être prises en considération quand il s'agit de qualifier un élément. Le bien et le mal font partie tant du pôle négatif que du pôle positif. La différence entre les deux se situe uniquement dans la *manière* d'aborder les événements, les gens, les choses. Bref, nous pourrions dire que le yang (négatif) incarne l'action et le mouvement, la naissance et le jour; le yin (positif) évoque le calme et la réflexion, la mort et la nuit.

Les éléments

Une partie importante de la philosophie orientale, et particulièrement chinoise, est basée sur le fait qu'entre les éléments existent des relations dont il est essentiel de tenir compte. Il s'agit de phénomènes d'interaction et d'interdépendance, de l'existence de correspondances, de liaisons, d'appartenance, de liens de cause à effet. Les Orientaux font une distinction entre les éléments selon leur impact et leur influence les uns sur les autres, les uns par rapport aux autres. Ils divisent les relations entre les éléments en deux grandes catégories: les éléments de conduction et les éléments de contrôle.

Les éléments de conduction

- Le métal versus l'eau. La relation métal, conducteur de l'eau, s'explique de deux façons. Tout d'abord, cela évoque le métal (particulièrement incarné chez les Chinois par l'or) sous sa forme solide et qui, sous l'effet de la chaleur, se liquéfie; puis, le récipient de métal a le pouvoir de contenir, de cerner, d'emprisonner, de retenir les liquides (même les plus chauds) et, par conséquent, le liquide premier, l'eau.
- L'eau versus le bois. L'eau doit être considérée ici sous forme de pluie ou de rosée nourricière. C'est l'eau qui nourrit les végétaux en leur permettant de croître et de se développer; c'est l'eau qui fait pousser toute végétation, incluant les arbres, premier producteur de bois.
- Le bois versus le feu. Le feu n'a, en soi, aucune réalité. Il ne peut exister que grâce à la combustion de matière inflammable dont la plus familière, la plus coutumière, la plus courante est, sans conteste, le bois.
- Le feu versus la terre. Le feu, par son infini pouvoir de combustion, possède la capacité de tout réduire en cendre ou en poussière et, par conséquent, de nourrir la terre.
- La terre versus le métal. Tous les métaux, sans exception, proviennent de la terre, du sol ou du sous-sol.

En résumé, la terre engendre le métal qui, sous l'effet de la chaleur intense, se liquéfie. Le liquide exprime l'eau qui nourrit les plantes et fait pousser les arbres, dont le bois entretient le feu; ses cendres servent ensuite à nourrir la terre de laquelle seront extraits des métaux, et ainsi de suite.

Les éléments de contrôle

L'univers, dans sa totalité, est composé d'un ou de plusieurs de ces cinq éléments. Ils exerçent tous, les uns sur les autres, des actions diverses. Tantôt ils sont en état de dépendance, tantôt en état de domination.

Le feu exerce sa domination sur le métal; il peut, à partir d'une certaine intensité, le faire fondre, le liquéfier et le forger, mais le feu est, à son tour, sous la domination de l'eau à cause de la puissance de celle-ci à l'éteindre, à le faire mourir. Par ailleurs, l'eau subit la souveraineté de la terre qui possède le pouvoir d'ériger des barrages et des digues qui la matent et la disciplinent en la déviant ou en l'empêchant de passer. Puis, c'est au tour du bois d'exercer sa suprématie sur la terre, de laquelle il tire sa substance et sa croissance allant parfois même jusqu'à l'appauvrir sans qu'elle n'y puisse rien. Mais le bois doit courber l'échine sous la tyrannie de la lame de métal, tranchante et meurtrière.

Chaque élément a donc sa place, son rôle et sa fonction. Il n'existe ni élément fort, ni élément faible, ni aucun rapport de force entre ceux-ci. Il n'y a que des éléments qui interagissent les uns sur les autres pour former une chaîne d'actions et de réactions desquelles résulte l'univers dans lequel nous vivons.

Un survol des éléments

La force et l'intensité des caractéristiques de chaque élément doivent être évaluées en rapport avec les autres influences que subit l'élément selon l'emblème de l'individu et son ascendant (ou compagnon de route).

Le métal

Quand tout va bien, les gens qui sont nés sous l'influence de l'élément métal sont des êtres forts, solides et ambitieux. Ils sont persévérants et poursuivent inlassablement les objectifs qu'ils se sont fixés sans jamais compter sur autrui pour faire les choses à leur place. En fait, ils ne sont pas du genre à déléguer ni même à partager les tâches. Individualistes, ils préfèrent tout faire eux-mêmes et quand ils ont le choix, ils choisissent de travailler seuls.

Épris de liberté, très indépendants et autonomes, le natif du métal aime et recherche le succès et la richesse, car il a un goût prononcé pour le luxe et toutes les belles choses. En fait, il fera tout ce qui est en son pouvoir pour acquérir le plus de biens matériels possible. Sa capacité de travail est généralement à la mesure de ses prétentions, de ses désirs et de ses ambitions. L'individu qui est né sous l'égide du métal est doté d'une remarquable énergie.

Ce qu'on peut reprocher au natif du métal est qu'en cas de vents contraires, il perd le contrôle de soi, devient confus et rigide tant dans son comportement que dans ses jugements.

L'eau

De façon générale, les individus qui ont l'eau pour souveraine sont extrêmement communicatifs. Ils ont l'art de convaincre et d'amener les gens à se plier, de très bon gré, à tous leurs désirs. Un peu visionnaires, ils savent déceler chez autrui le bon comme le mauvais et sont habiles dans l'art d'extraire de chacun ce qu'il a de meilleur. Ils ont, par ailleurs, le même talent quand il s'agit de découvrir toutes les potentialités d'une occasion, que celle-ci se situe sur les plans personnel, relationnel ou professionnel.

Persuasif, créatif et doté d'un sens aigu de l'observation, le natif de l'eau n'utilise jamais la force, la contrainte ou la violence. En un certain sens, il ressemble à son élément; il est ondoyant, sinueux, méandrique. Peu lui importe qu'il doive, pour parvenir à ses fins, traverser des labyrinthes complexes. En fait, sa devise pourrait être *Lentement mais sûrement*. Il sait attendre son heure et sous son apparence de lac paisible et serein se cache souvent un torrent prêt à jaillir à la première bonne occasion.

Ce qu'on peut reprocher au natif de l'eau est sa tendance à être parfois inconstant, passif et apathique. À cause de sa propension, quand tout va mal, à choisir la route de la facilité, il devient dépendant du travail et des efforts des autres.

Le bois

De façon générale, les gens nés sous l'influence du bois sont dotés d'une grande confiance en soi. Planificateurs, ordonnés, méthodiques, organisés et possédant un esprit cartésien, ils sont de grands idéalistes capables de mener à bien des projets à très long terme. En fait, ils ont le don de rallier les gens à leurs idées et de les amener à se joindre à eux dans la poursuite d'un objectif commun. Ils sont faits pour le travail d'équipe.

Le natif du bois perçoit aisément et instinctivement la valeur intrinsèque des gens, et sa grande curiosité l'incite et le pousse à s'intéresser à tout et à tout le monde. Extraverti et doué, ce natif accomplit généralement de bien grandes choses; grâce à sa vision planétaire, il atteint presque toujours les plus hauts sommets. Conciliateur et diplomate, il possède le rare don de savoir réunir les individus de tous niveaux, de toutes classes et de toutes ethnies, et ce, dans la plus grande harmonie.

Ce qu'on peut reprocher à ce natif est sa fâcheuse tendance à devenir un peu désordonné quand les choses n'évoluent pas à son goût, à éparpiller son énergie à force de vouloir en faire trop et à ne pas terminer ce qu'il commence.

Le feu

De façon générale, les gens nés sous l'influence du feu sont des leaders-nés, des chefs, des meneurs d'hommes dotés d'une incommensurable confiance en soi qui frise parfois la prétention. Vifs, énergiques, audacieux, volontaires, déterminés et pleins d'assurance, ils sont incontestablement les plus qualifiés pour vendre une idée. Remarquables motivateurs, ils sont positifs, constructifs et persuasifs. Ils mettent sur pied des projets, se fixent des objectifs puis passent immédiatement à l'action sans trop se soucier des détails.

Le natif du feu est un être doté d'un grand esprit d'aventure. Il aime explorer les terres incultes et n'hésite jamais à prendre des risques même si ses entreprises présentent des résistances, des difficultés ou même des dangers. Original et inventif, il est plutôt du genre avant-gardiste. Tout comme le feu, son élément, il aime rayonner, briller, éblouir et, pourquoi pas, épater la galerie.

Ce qu'on peut reprocher à un natif du feu est qu'il devient rapidement impatient et qu'il perd alors le contrôle de ses flammes. Son énergie débridée et incontrôlée peut devenir destructrice, car, en ces moments-là, il ne craint pas d'utiliser la force et la violence pour parvenir à ses fins. Il doit apprendre à maîtriser son impulsivité et à être davantage à l'écoute des autres.

La terre

De façon générale, les individus qui sont nés sous l'influence de l'élément terre sont des gens très pragmatiques, terre à terre, réalistes et pratiques. Intelligents et objectifs, ils sont dotés d'une logique à toute épreuve, d'un remarquable pouvoir de déduction et d'un leadership très développé. Ces qualités en font d'excellents planificateurs et administrateurs. Patients, constants, persévérants, ils ne bâtissent que sur des fondations robustes et solides. Méthodiques, consciencieux et réfléchis, ils avancent à pas lents, modérés en tout.

On peut compter sur le natif de la terre pour avoir l'heure juste en tout temps, car il aime mettre les choses et les événements dans leurs justes perspectives. Il sait également dépeindre une situation donnée sans la modifier, la retoucher ou y adjoindre mille fioritures. Main de fer dans un gant de velours, ce natif ne s'engage jamais à l'aveuglette et recherche avant tout la sécurité, affective et financière, car elle est pour lui un besoin fondamental.

Ce qu'on peut reprocher à un natif de la terre est son côté un peu trop conservateur, raisonnable, routinier, sérieux et grave. Dénué d'imagination, d'originalité et d'esprit d'aventure, il devient parfois ennuyant comme la pluie.

Les compatibilités et les incompatibilités

Les compatibilités naturelles de base

Certains emblèmes sont compatibles de naissance. Ils ont les mêmes centres d'intérêt, les mêmes objectifs de vie, les mêmes valeurs et les mêmes goûts. Bien sûr, la personnalité de chacun s'exprimera de façons différentes mais, à la base, les ambitions et les aversions sont sensiblement les mêmes.

Ainsi:

- Le Rat, le Dragon et le Singe ont en commun l'impérieuse envie d'accomplir des performances et de faire fortune, peu importe les moyens qu'ils devront prendre. Avant-gardistes, innovateurs et dynamiques, ils sont remplis d'une énergie puissante et positive.
- Le Bœuf, le Serpent et le Coq ont en commun la détermination, la résistance, la patience et l'ambition. Logiques, calculateurs, planificateurs et réfléchis, ils visent le sommet en toutes choses. Autonomes et autodidactes, ils n'apprécient guère le travail d'équipe, mais ils sont capables de s'y plier, si nécessaire.
- Le Tigre, le Cheval et le Chien ont en commun l'envie d'établir un système de communication valable afin de venir en aide à l'humanité. Ils ont besoin de contacts

humains et de relations interpersonnelles. Dotés d'une indomptable énergie, ils sont ouverts, optimistes et extravertis.

- Le Lapin, la Chèvre et le Cochon ont en commun de se laisser, plus souvent qu'autrement, guider par les émotions plutôt que par la raison. Sensibles, compatissants, passionnés et sociables, ils sont près de la nature et apprécient le travail d'équipe. Ils aiment l'art et les belles choses.

Les incompatibilités naturelles de base

De la même manière que certaines personnes sont faites pour s'entendre et se comprendre, d'autres n'y arriveront jamais, peu importe la bonne volonté que chacun y mettra: leurs goûts et leurs ambitions sont diamétralement opposés. Naturellement incompatibles, ils éprouvent l'un envers l'autre une antipathie instinctive, liée à leur personnalité respective. Ainsi vaut-il mieux de ne pas laisser ensemble trop longtemps ni trop souvent le Rat et le Cheval, le Bœuf et la Chèvre, le Tigre et le Singe, le Lapin et le Coq, le Dragon et le Chien, le Serpent et le Cochon.

LES TABLEAUX

Voici cinq tableaux qui vous permettront de vous retrouver plus facilement et de vous guider dans cet ouvrage.

Tableau 1
Tableau simplifié des années lunaires
Trouvez votre signe selon votre année de naissance.

RAT	1900	1912	1924	1936	1948	1960	1972	1984	1996
BŒUF	1901	1913	1925	1937	1949	1961	1973	1985	1997
TIGRE	1902	1914	1926	1938	1950	1962	1974	1986	1998
LAPIN	1903	1915	1927	1939	1951	1963	1975	1987	1999
DRAGON	1904	1916	1928	1940	1952	1964	1976	1988	2000
SERPENT	1905	1917	1929	1941	1953	1965	1977	1989	2001
CHEVAL	1906	1918	1930	1942	1954	1966	1978	1990	2002
CHÈVRE	1907	1919	1931	1943	1955	1967	1979	1991	2003
SINGE	1908	1920	1932	1944	1956	1968	1980	1992	2004
COQ	1909	1921	1933	1945	1957	1969	1981	1993	2005
CHIEN	1910	1922	1934	1946	1958	1970	1982	1994	2006
COCHON	1911	1923	1935	1947	1959	1971	1983	1995	2007

Tableau 2
Tableau détaillé des années lunaires

Trouvez votre élément et votre polarité selon votre date et votre année de naissance.

Signe	Date	Élément	(polarité)
Rat	31 janvier 1900 au 18 février 1901	Métal	(+)
Bœuf	19 février 1901 au 7 février 1902	Métal	(–)
Tigre	8 février 1902 au 28 janvier 1903	Eau	(+)
Lapin	29 janvier 1903 au 15 février 1904	Eau	(–)
Dragon	16 février 1904 au 3 février 1905	Bois	(+)
Serpent	4 février 1905 au 24 janvier 1906	Bois	(–)
Cheval	25 janvier 1906 au 12 février 1907	Feu	(+)
Chèvre	13 février 1907 au 1er février 1908	Feu	(–)
Singe	2 février 1908 au 21 janvier 1909	Terre	(+)
Coq	22 janvier 1909 au 9 février 1910	Terre	(–)
Chien	10 février 1910 au 29 janvier 1911	Métal	(+)
Cochon	30 janvier 1911 au 17 février 1912	Métal	(–)
Rat	18 février 1912 au 5 février 1913	Eau	(+)
Bœuf	6 février 1913 au 25 janvier 1914	Eau	(–)
Tigre	26 janvier 1914 au 13 février 1915	Bois	(+)
Lapin	14 février 1915 au 2 février 1916	Bois	(–)
Dragon	3 février 1916 au 22 janvier 1917	Feu	(+)
Serpent	23 janvier 1917 au 10 février 1918	Feu	(–)
Cheval	11 février 1918 au 31 janvier 1919	Terre	(+)
Chèvre	1er février 1919 au 19 février 1920	Terre	(–)
Singe	20 février 1920 au 7 février 1921	Métal	(+)
Coq	8 février 1921 au 27 janvier 1922	Métal	(–)
Chien	28 janvier 1922 au 15 février 1923	Eau	(+)
Cochon	16 février 1923 au 4 février 1924	Eau	(–)

Tableau 2 (suite)
Tableau détaillé des années lunaires
Trouvez votre élément et votre polarité selon votre date et votre année de naissance.

Signe	Date	Élément	(polarité)
Rat	5 février 1924 au 24 janvier 1925	Bois	(+)
Boeuf	25 janvier 1925 au 12 février 1926	Bois	(–)
Tigre	13 février 1926 au 1er février 1927	Feu	(+)
Lapin	2 février 1927 au 22 janvier 1928	Feu	(–)
Dragon	23 janvier 1928 au 9 février 1929	Terre	(+)
Serpent	10 février 1929 au 29 janvier 1930	Terre	(–)
Cheval	30 janvier 1930 au 16 février 1931	Métal	(+)
Chèvre	17 février 1931 au 5 février 1932	Métal	(–)
Singe	6 février 1932 au 25 janvier 1933	Eau	(+)
Coq	26 janvier 1933 au 13 février 1934	Eau	(–)
Chien	14 février 1934 au 3 février 1935	Bois	(+)
Cochon	4 février 1935 au 23 janvier 1936	Bois	(–)
Rat	24 janvier 1936 au 10 février 1937	Feu	(+)
Bœuf	11 février 1937 au 30 janvier 1938	Feu	(–)
Tigre	31 janvier 1938 au 18 février 1939	Terre	(+)
Lapin	19 février 1939 au 7 février 1940	Terre	(–)
Dragon	8 février 1940 au 26 janvier 1941	Métal	(+)
Serpent	27 janvier 1941 au 14 février 1942	Métal	(–)
Cheval	15 février 1942 au 24 janvier 1943	Eau	(+)
Chèvre	25 janvier 1943 au 24 janvier 1944	Eau	(–)
Singe	25 janvier 1944 au 12 février 1945	Bois	(+)
Coq	13 février 1945 au 1er février 1946	Bois	(–)
Chien	2 février 1946 au 21 janvier 1947	Feu	(+)
Cochon	22 janvier 1947 au 9 février 1948	Feu	(–)

Tableau 2 (suite)
Tableau détaillé des années lunaires
Trouvez votre élément et votre polarité selon votre date et votre année de naissance.

Signe	Date	Élément	(polarité)
Rat	10 février 1948 au 28 janvier 1949	Terre	(+)
Bœuf	29 janvier 1949 au 16 février 1950	Terre	(–)
Tigre	17 février 1950 au 5 février 1951	Métal	(+)
Lapin	6 février 1951 au 26 janvier 1952	Métal	(–)
Dragon	27 janvier 1952 au 13 février 1953	Eau	(+)
Serpent	14 février 1953 au 2 février 1954	Eau	(–)
Cheval	3 février 1954 au 23 janvier 1955	Bois	(+)
Chèvre	24 janvier 1955 au 11 février 1956	Bois	(–)
Singe	12 février 1956 au 30 janvier 1957	Feu	(+)
Coq	31 janvier 1957 au 17 février 1958	Feu	(–)
Chien	18 février 1958 au 7 février 1959	Terre	(+)
Cochon	8 février 1959 au 27 janvier 1960	Terre	(–)
Rat	28 janvier 1960 au 14 février 1961	Métal	(+)
Bœuf	15 février 1961 au 4 février 1962	Métal	(–)
Tigre	5 février 1962 au 24 janvier 1963	Eau	(+)
Lapin	25 janvier 1963 au 12 février 1964	Eau	(–)
Dragon	13 février 1964 au 1er février 1965	Bois	(+)
Serpent	2 février 1965 au 20 janvier 1966	Bois	(–)
Cheval	21 janvier 1966 au 8 février 1967	Feu	(+)
Chèvre	9 février 1967 au 29 janvier 1968	Feu	(–)
Singe	30 janvier 1968 au 16 février 1969	Terre	(+)
Coq	17 février 1969 au 5 février 1970	Terre	(–)
Chien	6 février 1970 au 26 janvier 1971	Métal	(+)
Cochon	27 janvier 1971 au 15 février 1972	Métal	(–)

Tableau 2 (suite)
Tableau détaillé des années lunaires
Trouvez votre élément et votre polarité selon votre date et votre année de naissance.

Signe	Date	Élément	(polarité)
Rat	16 février 1972 au 2 février 1973	Eau	(+)
Bœuf	3 février 1973 au 22 janvier 1974	Eau	(–)
Tigre	23 janvier 1974 au 10 février 1975	Bois	(+)
Lapin	11 février 1975 au 30 janvier 1976	Bois	(–)
Dragon	31 janvier 1976 au 17 février 1977	Feu	(+)
Serpent	18 février 1977 au 6 février 1978	Feu	(–)
Cheval	7 février 1978 au 27 janvier 1979	Terre	(+)
Chèvre	28 janvier 1979 au 15 février 1980	Terre	(–)
Singe	16 février 1980 au 4 février 1981	Métal	(+)
Coq	5 février 1981 au 24 janvier 1982	Métal	(–)
Chien	25 janvier 1982 au 12 février 1983	Eau	(+)
Cochon	13 février 1983 au 1er février 1984	Eau	(–)
Rat	2 février 1984 au 19 février 1985	Bois	(+)
Bœuf	20 février 1985 au 8 février 1986	Bois	(–)
Tigre	9 février 1986 au 28 janvier 1987	Feu	(+)
Lapin	29 janvier 1987 au 16 février 1988	Feu	(–)
Dragon	17 février 1988 au 5 février 1989	Terre	(+)
Serpent	6 février 1989 au 26 janvier 1990	Terre	(–)
Cheval	27 janvier 1990 au 14 février 1991	Métal	(+)
Chèvre	15 février 1991 au 3 février 1992	Métal	(–)
Singe	4 février 1992 au 22 janvier 1993	Eau	(+)
Coq	23 janvier 1993 au 9 février 1994	Eau	(–)
Chien	10 février 1994 au 30 janvier 1995	Bois	(+)
Cochon	31 janvier 1995 au 18 février 1996	Bois	(+)

Tableau 2 (suite)
Tableau détaillé des années lunaires

Trouvez votre élément et votre polarité selon votre date et votre année de naissance.

Signe	Date	Élément	(polarité)
Rat	19 février 1996 au 6 février 1997	Feu	(+)
Bœuf	7 février 1997 au 27 janvier 1998	Feu	(–)
Tigre	28 janvier 1998 au 15 février 1999	Terre	(+)
Lapin	16 février 1999 au 4 février 2000	Terre	(–)
Dragon	5 février 2000 au 23 janvier 2001	Métal	(+)
Serpent	24 janvier 2001 au 11 février 2002	Métal	(–)
Cheval	12 février 2002 au 31 janvier 2003	Eau	(+)
Chèvre	1er février 2003 au 21 janvier 2004	Eau	(–)
Singe	22 janvier 2004 au 8 février 2005	Bois	(+)
Coq	9 février 2005 au 28 janvier 2006	Bois	(–)
Chien	29 janvier 2006 au 17 février 2007	Feu	(+)
Cochon	18 février 2007 au 6 février 2008	Feu	(–)

Tableau 3
Tableau des heures de souveraineté de chacun des emblèmes

Trouvez votre ascendant par l'heure de votre naissance.

23 h à 1 h	Heures du Rat
1 h à 3 h	Heures du Bœuf
3 h à 5 h	Heures du Tigre
5 h à 7 h	Heures du Lapin
7 h à 9 h	Heures du Dragon
9 h à 11 h	Heures du Serpent
11 h à 13 h	Heures du Cheval
13 h à 15 h	Heures de la Chèvre
15 h à 17 h	Heures du Singe
17 h à 19 h	Heures du Coq
19 h à 21 h	Heures du Chien
21 h à 23 h	Heures du Cochon

Tableau 4
Correspondance de chacun des emblèmes

Vous trouverez dans ce tableau les renseignements suivants: la polarité de chacun des emblèmes, sa correspondance avec une saison, un point cardinal, un élément, une planète et un organe du corps humain.

Pôle	Signe	Nord / Hiver	Est / Printemps	Sud / Été	Ouest / Automne
–	Cochon	Eau / Mercure / reins			
+	Rat	Eau / Mercure / reins			
–	Bœuf	Eau / Mercure / reins			
+	Tigre		Bois / Jupiter / foie		
–	Lapin		Bois / Jupiter / foie		
+	Dragon		Bois / Jupiter / foie		
–	Serpent			Feu / Mars / cœur	
+	Cheval			Feu / Mars / cœur	
–	Chèvre			Feu / Mars / cœur	
+	Singe				Métal / Vénus / poumons
–	Chien				Métal / Vénus / poumons
+	Coq				Métal / Vénus / poumons

Tableau 5
Compatibilités et incompatibilités entre les éléments

Élément	Plusieurs conflits mineurs	Conflits sérieux	Pas de conflit	Excellente relation
Métal	Terre	Feu	Métal	Eau, bois
Feu	Terre	Eau	Feu	Bois, métal
Eau	Métal	Terre	Eau	Feu, bois
Terre	Feu	Bois	Terre	Eau, métal
Bois	Feu	Métal	Bois	Terre, eau

LA LUNE ET LE SOLEIL

Les hommes, de toutes les civilisations et de tous les temps, ont toujours entretenu avec la Lune et le Soleil des relations très étroites, relations faites à la fois de craintes, de désirs, de respect et d'interrogations. Bien que le Soleil ait une importance capitale sur le quotidien, sur la santé mentale et physique et sur l'épanouissement des humains, c'est sur la Lune que nous porterons ici notre attention, puisque c'est en étroit rapport avec elle que s'est établie l'astrologie chinoise. La Lune fait partie du quotidien et du folklore de tous les peuples du monde. Source de mille superstitions, de mille croyances, elle est tour à tour déesse mère, muse des poètes, Lilith la terrible, l'alliée des sorcières, la complice des sabbats, la compagne des nuits d'insomnie.

La Lune dégage une aura de mysticisme et provoque une atmosphère toujours un peu ouatée, feutrée, secrète, énigmatique qui incite les humains à rêver et à s'évader dans leur monde imaginaire. Tantôt douce et blafarde, tantôt claire et brillante, qu'elle soit pleine ou pas, elle provoque toujours la même fascination chez les gens.

Constamment en mouvement, la Lune évolue, change, se transforme perpétuellement, entraînant tout l'univers dans son cycle infini de naissance, croissance, apogée, déclin et mort, le même cycle qu'accomplit tout ce qui vit sur la planète.

Pour les Orientaux, il est indéniable que la Lune exerce son influence tant sur les hommes, sur les bêtes et sur les plantes que sur tout ce qui constitue l'univers.

Le calendrier lunaire est basé sur vingt-neuf jours et demi, soit le temps que met la Lune à parcourir un cycle complet. Il est important de se souvenir que le mois lunaire commence toujours le jour de la nouvelle lune pour atteindre son sommet le quinzième jour du mois avec la pleine lune. Le mois lunaire se divise en quatre parties, en quatre phases, auxquelles les Chinois ont attribué des significations et des influences particulières.

La nouvelle lune

La nouvelle lune dure sept jours et demi. Elle est associée au printemps, à l'est et au bois.

Sont sous sa tutelle le Tigre, le Lapin et le Dragon.

Elle symbolise le début, la semence, l'éveil, la naissance, le nouveau et le renouveau, le départ et le commencement.

La nouvelle lune favorise la mise sur pied de nouveaux projets; c'est le temps de semer, d'entamer quelque chose, de commencer.

Elle évoque les gens énergiques, créatifs, innovateurs.

Le premier quartier de lune

Le premier quartier de lune dure du septième jour et demi jusqu'au quinzième jour. Il est associé à l'été, au sud et au feu.

Sont sous sa tutelle le Serpent, le Cheval et la Chèvre.

Il symbolise la maturité physique et psychologique, la fertilité et la plénitude.

Le premier quartier de lune favorise l'accroissement, l'ascension, le développement, la croissance.

Il évoque des individus forts et dynamiques.

La pleine lune

La pleine lune va du début du seizième jour jusqu'au vingt-deuxième jour et demi. Elle est associée à l'automne, à l'ouest et au métal.

Sont sous sa tutelle le Singe, le Coq et le Chien.

Elle symbolise les regroupements, la moisson, la récolte.

La pleine lune incarne le temps de la récolte, la plénitude.

Elle évoque des individus qui ont le sens de l'organisation, qui sont logiques, méthodiques et qui aiment le calme et la tranquillité.

Le dernier quartier de lune

Le dernier quartier de lune s'étend de la seconde demie du vingt-deuxième jour jusqu'à la demie du vingt-neuvième jour. Il est associé à l'hiver, au nord et à l'eau.

Sont sous sa tutelle le Cochon, le Rat et le Bœuf.

Il symbolise la conclusion des affaires, l'achèvement des projets, l'aboutissement, le dénouement, l'hibernation, la fin des choses.

Le dernier quartier de lune évoque des gens persévérants, perfectionnistes, qui ont l'esprit d'analyse et qui sont capables de se fixer des objectifs à long terme.

L'astrologie chinoise, établie à partir des cycles lunaires et des éléments que sont le métal, l'eau, le bois, le feu et la terre, n'a pas la prétention de prédire l'avenir ni d'établir quelque preuve que ce soit que tout est déterminé d'avance. Non! Le seul but de cette astrologie est de fournir aux individus un guide qui les aidera à comprendre les différentes étapes de leur vie ainsi que les diverses facettes de leur personnalité.

La connaissance que le lecteur aura de ses forces et de ses faiblesses, de ses qualités et de ses défauts devrait l'aider à se découvrir lui-même et l'inciter à cultiver les bons côtés de sa personnalité tout en essayant d'en corriger les moins bons.

LE RAT

Nom chinois: SHU
Ordre parmi les signes: 1er
Polarité: +
Élément invariable: Eau
Signe zodiacal correspondant: Sagittaire
Mois: Décembre
Saison: Hiver
Direction: Nord
Heures où l'influence du Rat prédomine: 23 h à 1 h

Les années du Rat

Début du cycle	Fin du cycle	Élément
31 janvier 1900*	18 février 1901**	Métal
18 février 1912	5 février 1913	Eau
5 février 1924	24 janvier 1925	Bois
24 janvier 1936	10 février 1937	Feu
10 février 1948	28 janvier 1949	Terre
28 janvier 1960	14 février 1961	Métal
15 février 1972	2 février 1973	Eau
2 février 1984	19 février 1985	Bois
19 février 1996	6 février 1997	Feu

* Si vous êtes né le 30 janvier 1900, votre emblème est le Cochon.

** Si vous êtes né le 19 février 1901, votre emblème est le Bœuf.

L'année du Rat

À moins de spécifications contraires, l'année du Rat est toujours caractérisée par l'abondance, les gains, la richesse et la chance. Elle annonce un horizon sans nuage et de très intéressantes perspectives, surtout sur le plan financier. En fait, quand nous sommes en année du Rat, c'est l'ensemble de l'économie mondiale qui est marquée d'un essor important. Dans le domaine des affaires, ça bouge et ça circule; il s'agit presque toujours de mouvements d'ascension, de progression, d'augmentation. La prospérité s'acquiert facilement et il est aisé d'accumuler les richesses.

Par ailleurs, dans cette année financièrement bénéfique, il est conseillé de faire des investissements à long terme, car tout projet qui y verra le jour est voué, s'il est consciencieusement préparé, au succès et à la réussite.

Cependant, attention! Si le destin est favorable aux aventures et aux projets financiers et boursiers bien planifiés, il ne protège aucunement les placements hasardeux, les spéculations irréfléchies, les manœuvres illicites ou les risques non calculés. Pour récolter les gains annoncés par cette magnifique année, il faut donc agir avec circonspection et intelligence.

La personnalité du Rat

QUALITÉS: Sens des affaires, sociabilité, acuité intellectuelle, art de s'exprimer et de convaincre, infini charisme, remarquable magnétisme, tendance à protéger les plus faibles, grande capacité d'aimer, ordonné en tout, sensuel.

DÉFAUTS: Cancanier, avare, intéressé, rigide (voire inflexible), rancunier, irrationnel, tendance à l'autoritarisme et manque d'objectivité.

On prétend que le natif du Rat s'exprime clairement et aisément avant même de savoir marcher! En fait, il développe très jeune l'art de manipuler le verbe pour obtenir ce qu'il veut de ses parents, de ses amis ou de ses professeurs.

Le natif du Rat est avant tout un orateur extrêmement charismatique, capable de captiver, de séduire et de gagner à sa cause l'auditoire le plus difficile ou le plus rétif.

Méthodique et doté d'une grande adaptabilité, on peut, en outre, compter sur lui pour prendre les rênes dans l'organisation de tous projets. Réceptions, cocktails, rencontres professionnelles ou amicales: il sait toujours mettre à profit son remarquable sens de l'organisation doublé d'un talent de planificateur hors pair et d'une originalité non égalée.

Le Rat est né sous le signe de la chance et de la réussite. Nul doute qu'il réussira dans la vie même si ses ambitions semblent parfois, aux yeux des membres de son entourage, démesurées.

Attirant, sociable, généralement très populaire, on le trouve toujours entouré d'un grand cercle d'amis, car il déteste la solitude. Il a l'esprit vif, une excellente mémoire, une grande détermination et une nature généreuse. Sa générosité s'exprime toutefois beaucoup plus par la compassion, l'apathie, la bonté et l'humanité que par l'argent. Car, quand il s'agit d'argent, le Rat devient plus résistant, méfiant et soupçonneux.

Certaines personnes prétendent que le Rat est indifférent et insoucieux des autres. C'est faux. S'il semble parfois impassible, imperméable et froid, il s'agit tout simplement de la manifestation de son aptitude à garder son sang-froid et à rester stoïque en toutes circonstances. Il demeure ainsi maître de lui, même sous la plus grande pression.

Il cherche toujours à tirer profit et avantage des situations, des événements et des personnes ainsi que des confidences qu'il reçoit sous le sceau du secret.

Sur le plan professionnel, il ne signe jamais aucun document à l'aveuglette. Chaque contrat qui porte sa signature a été lu, relu, étudié et épluché dans ses moindres détails. En outre, grâce à sa ruse, il se réserve toujours une porte de secours pour filer et quitter le navire quand la situation ne lui est plus bénéfique.

La femme Rat, qui possède les mêmes atouts que le mâle, fera tout aussi bien une parfaite femme d'intérieur, une mère généreuse et une épouse accomplie qu'une femme d'affaires avertie, déterminée, coriace et respectée.

Les cinq grands types de Rat

Le Rat de métal (1840, 1900, 1960)

Le Rat de métal est un être extrêmement émotif, intense, sensible et impressionnable. Il a une manière de s'exprimer qui n'appartient qu'à lui. De tous les Rat, il est sans doute celui qui a le langage le plus coloré, le plus vivant, le plus expressif.

Il a un sens aigu de la beauté, de l'harmonie et de l'esthétique. Il apprécie les belles choses et, s'il aime l'argent, c'est beaucoup plus pour ce qu'il peut offrir que pour le thésauriser. S'il en a les moyens, il meublera sa demeure et ornera les murs, avec faste et ostentation, de ce qu'il y a de plus luxueux et de plus magnifique, tout en privilégiant les lignes sobres et classiques, non seulement pour le plaisir de ses yeux mais également pour impressionner les gens de son entourage.

Peu porté sur le romantisme, le Rat de métal sait toutefois, à ses heures, être d'une sensualité époustouflante. Vous le verrez presque toujours faire son chemin dans la vie, seul et de façon autonome, tout en sachant intuitivement s'entourer des bonnes personnes, celles qui ont le pouvoir d'exercer leur influence en sa faveur.

Cependant, attention! Sous des dehors charmants et avenants se dissimule un individu jaloux et possessif en amour, envieux et dur en affaires, un peu égoïste et pingre dans la vie de tous les jours. S'il veut réussir, connaître le succès, être aimé et respecté, il devra veiller à modérer sa soif de domination.

Le Rat d'eau (1852, 1912, 1972)

C'est le plus intellectuel des Rat. Toute sa vie durant, il cherchera à acquérir de nouvelles connaissances, que ce soit par les voyages, les études ou les lectures. Il aime les exercices cérébraux, les jeux de mots (croisés, scrabble, anagramme, etc.) et fait tous les tests d'intelligence qu'il trouve ici et là non pas pour épater la galerie ni par prétention, mais seulement pour se mesurer à lui-même et pour tenter de se dépasser.

Perspicace, calculateur et avisé, il sait comment se vendre et vendre ses idées et projets. Sur le plan professionnel, il est toujours très compétent dans le métier ou la profession qu'il choisit et il met volontiers au profit de son employeur tous ses talents et toutes ses aptitudes.

Cependant, il ne faut pas attendre du Rat d'eau qu'il prenne des risques ou se lance dans une aventure la tête baissée et les yeux fermés. C'est un conservateur. Pour lui, les seules valeurs sûres sont les valeurs traditionnelles. Il ne sera jamais un marginal, car il préfère, et de loin, suivre le courant plutôt que de lutter contre la vague.

Compréhensif et indulgent, sociable et charismatique, il n'a aucune difficulté à s'intégrer à un groupe, peu importe le niveau de culture de ses membres, leur ethnie, leur sexe, leurs opinions ou leur statut social. Cette aptitude lui permet d'exercer une certaine influence et un certain pouvoir, ce qui, pour lui, est très important.

Le Rat d'eau doit se méfier de sa tendance à parler de n'importe quoi à n'importe qui, car ce manque de discernement peut lui causer souvent des problèmes, plus ou moins sérieux, mais toujours fort déplaisants.

Le Rat de bois (1864, 1924, 1984)

Très tôt, dans sa vie professionnelle, le Rat de bois se fixe des buts et des objectifs à atteindre et se trace une ligne de conduite, un itinéraire, qui lui permettra de réaliser toutes ses ambitions. Dans tous les domaines de sa vie, il établit des priorités et les respecte à la lettre. C'est un être de principe, prévoyant, prudent, circonspect qui doit toujours connaître le où?, le quand?, le comment? et le pourquoi? avant de prendre quelque décision que ce soit.

Avant-gardiste, il est toujours en train d'explorer de nouvelles avenues et d'envisager de nouvelles perspectives. Il découvre souvent, là où nul n'aurait pensé chercher, de bons et fructueux filons. Autodidacte, il fait généralement cavalier seul tout en cherchant constamment l'approbation et l'admiration des autres.

Si le Rat de bois possède la confiance en soi et le savoir-faire, il a toutefois un extrême besoin, pour être heureux et s'épanouir, de sécurité financière et affective. C'est sans aucun doute cette perpétuelle inquiétude quant à l'avenir qui lui donne cette ardeur, parfois démesurée, au travail. S'il n'y prend pas garde, il sera souvent victime de surmenage.

Son principal défaut est cette tendance, parfois exagérée, au nombrilisme et un certain penchant à pratiquer le culte du moi.

Le Rat de feu (1876, 1936, 1996)

Voici un Rat dynamique, énergique qui ne craint jamais de se lancer dans une nouvelle aventure, particulièrement s'il s'agit d'une campagne de solidarité pour défendre le bien et la justice. En outre, il participe à toutes les réunions, à toutes les activités et à toutes les fêtes.

Communicatif, cordial, courageux, enthousiaste, charitable et idéaliste, il perd toutefois de bonnes occasions, d'affaires ou autres, à cause de son manque de diplomatie, de sa gaucherie et de son indélicatesse dans ses propos.

Le Rat de feu agit souvent sur des coups de cœur et des coups de tête, ce qui lui fait parfois commettre des erreurs par manque de réflexion.

S'il est dévoué à sa famille, celle-ci ne devra toutefois pas le forcer à vivre une existence terne, routinière et dépourvue d'émotion, car il ne pourrait le supporter. Il ne mettrait alors pas longtemps à plier bagage pour aller vivre ailleurs l'aventure dont il a besoin.

Indépendant, il aime voyager, découvrir de nouveaux espaces et de nouveaux horizons, porter des vêtements à la mode et goûter des mets étrangers. Mais son «sport» préféré est, et de très loin, la compétition. Il la cherche et la provoque dans tous les domaines de sa vie.

Le Rat de feu doit apprendre à maîtriser sa fougue et son impatience, et cultiver l'art de s'adresser, sinon à tous, au moins à ceux qui peuvent exercer leur influence sur sa vie, avec tact, prévenance et ménagement. Par ailleurs, il doit veiller à ne pas devenir prétentieux, borné et intolérant avec autrui.

Le Rat de terre (1888, 1948, 2008)

Pour ce Rat, le bonheur passe obligatoirement par l'ordre et la discipline. De tous ceux qui portent cet emblème, il est le plus réaliste, le plus terre à terre, le plus pratique. Avec lui, pas de vaines rêveries ni de projets utopiques. Ses buts et ses attentes sont toujours très concrets et réalisables.

Méticuleux, patient, prudent, persévérant, conservateur, il fait sa fortune lentement mais sûrement, sans jamais prendre de risque et sans jamais abandonner en cours de route. Être reconnu par tous pour ses talents et ses compétences: voilà son but ultime. Le Rat de terre n'est pas de ceux qui changent constamment de travail ou de maison. Il privilégie les bonnes relations de travail et de voisinage, même s'il doit occasionnellement faire quelques compromis, car elles lui permettent de se faire un nid et d'établir des liens loyaux et durables.

Chaleureux, généreux et compatissant envers les membres de son entourage, il prend aussi grand soin de son image publique et de sa réputation.

Son secret, pour réussir, est d'une grande simplicité: avant d'agir, il observe ceux qui ont déjà réussi et ajuste son comportement sur le leur.

Par ailleurs, il doit apprendre à maîtriser sa manie de toujours comparer sa réussite matérielle à celle des autres. En outre, malgré toutes les vertus qu'on accorde au sens de l'économie, il doit veiller à ne pas devenir pingre et radin.

Les ascendants du Rat

- Si vous êtes né entre 23 h et 1 h, votre ascendant est le Rat.

Le Rat ascendant Rat est plein de magnétisme, charmant, réfléchi et possède le don de l'éloquence. En mauvaise période, ce natif a cependant tendance à devenir vaniteux, financièrement avide et renfermé.

- Si vous êtes né entre 1 h et 3 h, votre ascendant est le Bœuf.

Grave, sérieux, raisonnable et toujours prudent, le Rat ascendant Bœuf est cependant un être extrêmement séduisant. Certains le trouvent peut-être lent à prendre des décisions, mais il est persévérant lorsqu'elles sont prises. Son point faible: les jeux de hasard.

- Si vous êtes né entre 3 h et 5 h, votre ascendant est le Tigre.

Travaillant, dynamique, minutieux, le Rat ascendant Tigre possède toutes les qualités d'un chef, d'un leader. Économe, il doit cependant se méfier de l'avarice. Il doit, en outre, prendre garde à ne pas devenir dépendant de son travail et à ne pas négliger sa vie affective au profit du travail.

- Si vous êtes né entre 5 h et 7 h, votre ascendant est le Lapin.

Il ne faut pas se fier à l'apparente docilité du Lapin. Derrière son air réservé et son comportement discret se cache un être dont le sang-froid est à toute épreuve. Astucieux et charmant, il peut devenir machiavélique et manipulateur.

- Si vous êtes né entre 7 h et 9 h, votre ascendant est le Dragon.

Cette personne au cœur d'or possède un sens aigu des affaires et une fine intelligence. Tantôt dépensier, tantôt radin, on lui reproche souvent son inconstance. Il doit se méfier de sa tendance à devenir présomptueux dès que quelqu'un le contredit.

- Si vous êtes né entre 9 h et 11 h, votre ascendant est le Serpent.

Le plus populaire et le plus charismatique des Rat! Toujours impitoyable et généralement prudent en affaires, ce natif perd cependant, quelquefois, la tête en prenant des risques qui le font passer pour un casse-cou. Hypermatérialiste, c'est un travailleur acharné.

- Si vous êtes né entre 11 h et 13 h, votre ascendant est le Cheval.

Le Rat ascendant Cheval est un être passionné, tendre et fougueux. Généralement logique et avisé, il devient quelquefois irrationnel et se lance alors dans des aventures risquées. Il doit se méfier de sa légère tendance à vouloir tout diriger autour de lui.

- Si vous êtes né entre 13 h et 15 h, votre ascendant est la Chèvre.

Le Rat ascendant Chèvre a plus d'un tour dans son sac. Rusé, astucieux, parfois malicieux, il est toujours entouré de beaucoup de gens. Sa grande sentimentalité frise parfois la sensiblerie et devient agaçante. Malgré un certain snobisme occasionnel, il est très populaire.

- Si vous êtes né entre 15 h et 17 h, votre ascendant est le Singe.

Un autre Rat rusé, un peu roublard, quelquefois manipulateur, doté d'un savoir-faire qui s'étend à plusieurs domaines et d'un goût prononcé pour le risque et l'aventure. Grâce à son sens de l'humour et à son sac à malice, il arrive cependant toujours à se sortir de mauvaises situations.

- Si vous êtes né entre 17 h et 19 h, votre ascendant est le Coq.

Le Rat ascendant Coq est un idéaliste qui se perd parfois dans ses chimères. Doté d'un esprit logique, il a, le plus souvent, les pieds sur terre. D'une grande sociabilité, sa compagnie est très appréciée même si, à l'occasion, on le trouve un peu profiteur. Sa plus grande faiblesse: il n'a aucun sens de l'économie.

- Si vous êtes né entre 19 h et 21 h, votre ascendant est le Chien.

Doté d'une grande noblesse de cœur et d'âme, ce natif est d'une incroyable générosité. D'un bon jugement, il cultive la sagesse et traverse l'existence avec beaucoup de philosophie. S'il aime donner et faire plaisir, il a toutefois en horreur qu'on lui prenne des choses sans autorisation.

- Si vous êtes né entre 21 h et 23 h, votre ascendant est le Cochon.

Le Rat ascendant Cochon pèse toujours longuement ses décisions et ses actions. Parfois trop, ce qui lui fait rater de belles occasions. Prudent, hésitant, il n'a aucune malice et est d'une grande bonté. Il se réjouit de la réussite des autres sans jamais les jalouser.

Le Rat à travers les années

L'année du Rat (1996, 2008)

Une année de chance pour le Rat, où se présentent les plus belles et les plus fructueuses occasions. Que du bonheur et du succès en perspective! Il est permis de miser un peu plus que d'ordinaire mais de le faire toujours avec intelligence et sans prendre de risques non calculés. Si cet avis est suivi, une bonne étoile guidera ses pas.

L'année du Bœuf (1997, 2009)

Une bonne période pour le Rat, faite de tranquillité et de quiétude. Les événements suivent leur cours, les gains financiers sont très convenables et les réserves, suffisantes pour lui permettre de prendre un peu de repos. Il n'aura d'ailleurs aucune envie de se lancer dans de nouvelles aventures. Il peut, et doit, profiter de ces quelques mois de bon temps.

L'année du Tigre (1998, 2010)

Une année de responsabilités. Sur le plan professionnel, beaucoup de travail à abattre et, sur le plan personnel, des situations épineuses à régler. Un peu d'insécurité se pointe à l'horizon, mais rien de tragique. Le moment n'est pas encore venu de mettre sur pied de nouveaux projets. Mieux vaut s'en tenir à consolider les choses acquises.

L'année du Lapin (1999, 2011)

Voilà venu le temps de démarrer quelque chose de neuf. Le goût de bâtir et l'énergie pour le faire sont tous deux présents. Il ne faudra toutefois pas s'attendre à des gains exorbitants, mais le plaisir de créer vaut bien quelques petites privations. Le Rat doit prendre garde de ne pas s'engager dans des projets louches qui le mèneraient droit à sa perte.

L'année du Dragon (2000, 2012)

Pour le Rat, l'année du Dragon est celle de la récolte abondante sur tous les plans. Promotion, augmentation de salaire, gains importants caractériseront cette lucrative année. Il devra toutefois demeurer prudent dans le choix de ses associés ou de ses amis; certains, malintentionnés, tenteront de l'entraîner dans de louches aventures.

L'année du Serpent (2001, 2013)

Une année en dents de scie pour le Rat. Il y aura des délais dans l'accomplissement de ses plans et il devra attendre un moment plus favorable pour réaliser ses projets. En cette année faite de hauts et de bas, le Rat doit miser sur des valeurs sûres et user de beaucoup de prudence et de discernement. S'il néglige cet avertissement sérieux, il risque de mettre sa situation financière en péril.

L'année du Cheval (2002, 2014)

Patience et longueur de temps font plus que force ni que rage, voilà ce que devra se répéter le Rat tout au long de l'année du Cheval. Cette recommandation s'applique tant sur les plans financier et professionnel qu'affectif. Il faut freiner la fougue et l'impatience, et éviter d'investir et de s'investir soi-même dans des projets hasardeux.

L'année de la Chèvre (2003, 2015)

La roue de fortune tourne enfin et le Rat, en cette année de la Chèvre, a de nouveau le vent dans les voiles. La chance revient et, avec elle, l'énergie d'entreprendre et de foncer. Sur les plans professionnel et affectif, les choses vont très bien. L'étoile de la réussite et de la prospérité éclaire le chemin de ce natif qui ne ménage rien pour parvenir à ses fins.

L'année du Singe (2004, 2016)

Moins de travail, moins de responsabilités, moins de cassetête mais plus d'argent et un bien-être général accru en cette bénéfique année du Singe. En fait, le Rat récolte aujourd'hui les fruits de ce qu'il a semé au cours des dernières années. Un temps véritablement ensoleillé pour lui, mais il devra profiter de l'occasion pour s'ouvrir un compte d'épargne en prévision des périodes de vaches maigres.

L'année du Coq (2005, 2017)

Une année de quiétude, de relaxation et de repos. Le Rat peut maintenant jouir de ce qu'il a bâti sans toutefois se reposer sur ses lauriers! Il doit encore et toujours veiller à entretenir et à consolider ce qu'il a mis tant d'années à gagner. Cependant, cette simple occupation lui laissera largement le temps de profiter pleinement des bonnes choses de la vie.

L'année du Chien (2006, 2018)

Après une année relativement calme côté professionnel, le Rat doit maintenant se remettre au travail. Il aura sans doute à investir beaucoup de temps et d'énergie, mais le jeu en vaudra très certainement la chandelle. De nouvelles perspectives se dessineront à l'horizon: il n'aura qu'à choisir celle qui lui convient le mieux. Une année calme sur le plan amoureux pour ce Rat qui travaillera avec acharnement.

L'année du Cochon (2007, 2019)

Une merveilleuse année pour le Rat que celle du Cochon! L'heure des vendanges a sonné. Le Rat n'a plus qu'à cueillir ses récompenses. C'est la saison des moissons. Succès, victoires, réussites de tous genres et, enfin, une véritable période de repos, une pause bienfaisante. C'est la fin d'un cycle. Alors mieux vaut en profiter, car l'année prochaine risque d'être mouvementée.

Les compatibilités

Rat / Rat

Bonne relation exempte de conflit. Association (amoureuse ou professionnelle) profitable, coopération et communication faciles, respect mutuel.

Rat / Bœuf

Excellente combinaison. Relation stable et enrichissante. Alliance heureuse sur le plan sentimental comme sur le plan professionnel. Amour durable.

Rat / Tigre

Relation possible en y mettant quelques efforts. Pas de conflit sérieux, mais pas non plus d'attirance particulière. Une relation tiède.

Rat / Lapin

Il vaut mieux garder à cette relation un caractère strictement amical. S'il n'y a pas de discorde apparente entre eux, c'est que chacun, dans une certaine mesure, tolère l'autre.

Rat / Dragon

Excellente combinaison. Mariage réussi, association professionnelle épatante. Promesse de succès, de bonheur et de prospérité.

Rat / Serpent

Une belle alliance faite de complicité, d'admiration réciproque et de solidarité. Grande capacité d'échanger et de communiquer.

Rat / Cheval

Les relations durables sont impossibles entre ces deux emblèmes perpétuellement en conflit. Éternels rivaux, ils ne sont d'aucune façon destinés à s'associer.

Rat / Chèvre

Animosité et antipathie. Ces deux emblèmes n'ont absolument rien en commun. Une relation à éviter.

Rat / Singe

Une des plus belles combinaisons pour le Rat. Une relation qui s'épanouira dans l'humour, dans le plaisir et dans l'amour partagé.

Rat / Coq

Excellent, mais seulement pour une relation ami-amant à court terme, car de nombreuses difficultés de communication rendent malaisée toute relation durable.

Rat / Chien

Une relation basée sur le respect mutuel. Ni l'un ni l'autre n'est affligé du besoin de dominer; l'union a donc de fortes chances de durer et d'être heureuse.

Rat / Cochon

Ils partagent certaines affinités; leur relation peut devenir stable et dénuée de tout affrontement, mais elle sera toujours plutôt fade et tiède.

LE BŒUF

Nom chinois: NIÛ
Ordre parmi les signes: 2e
Polarité: –
Élément invariable: Eau
Signe zodiacal correspondant: Capricorne
Mois: Janvier
Saison: Hiver
Direction: Nord-nord-est
Heures où l'influence du Rat prédomine: 13 h à 15 h

Les années du Bœuf

Début du cycle	Fin du cycle	Élément
19 février 1901*	7 février 1902**	Métal
6 février 1913	25 janvier 1914	Eau
25 janvier 1925	12 février 1926	Bois
11 février 1937	30 janvier 1938	Feu
29 janvier 1949	16 février 1950	Terre
15 février 1961	4 février 1962	Métal
3 février 1973	22 février 1974	Eau
20 février 1985	8 février 1986	Bois
7 février 1997	27 janvier 1998	Feu

* Si vous êtes né le 18 février 1901, votre emblème est le Rat.

** Si vous êtes né le 8 février 1902, votre emblème est le Tigre.

L'année du Bœuf

L'année du Bœuf est généralement lourde de responsabilités dans tous les domaines de la vie, mais plus particulièrement sur les plans du couple et de la famille. D'un peu partout surgissent des obstacles, puis surviennent les conflits et les épreuves. Chacun se rend compte qu'il est grand temps de réviser la situation, de réformer l'état et la condition des affaires domestiques, conjugales et familiales, et d'y apporter les corrections nécessaires en vue d'améliorer son sort.

En cette année empreinte de sérieux et de gravité, les frivolités sont balayées et les problèmes politiques, traités avec indifférence et impassibilité. Chacun fuit les mondanités et tente plutôt de se faire (ou de se refaire) une petite routine sécurisante.

L'année du Bœuf est celle où on impute les plus grands problèmes de communication, et ce, à tous les niveaux de la société. Les échanges sont teintés d'agressivité, les dialogues de sourds sont légion, l'absence totale de diplomatie et de finesse rend les échanges inflexibles et durs, et provoquent la multiplication des malentendus et des altercations.

Sur le plan professionnel, l'année du Bœuf pourra certes produire des fruits, mais ils ne seront obtenus qu'en récompense d'un dur labeur et de beaucoup de persévérance.

La personnalité du Bœuf

QUALITÉS: Solidité, persévérance, volonté de fer, ardent désir de réussir, digne de confiance, valeurs morales élevées, grande capacité d'écoute, constance, fidélité, courage, grande discipline personnelle, ordre et méthode en tout.

DÉFAUTS: Tête de mule, dominateur, perte de contrôle quand il est en colère, esprit de vengeance, manque de tolérance envers la faiblesse des autres.

Le Bœuf est un être calme, méthodique, un travailleur acharné, persévérant et perfectionniste qui ne s'arrête jamais. Plutôt solitaire, il n'a pas beaucoup d'amis, car peu de gens obtiennent l'honneur de répondre à ses exigences tant sur le plan social que sur le plan moral. Mais les heureux élus peuvent compter sur lui à n'importe quel moment et dans toutes les circonstances, car le Bœuf est un être de grande confiance.

Bien que doté d'une intelligence brillante et d'une grande logique, ce natif manque cependant d'imagination et d'originalité. Le moins qu'on puisse dire, c'est qu'il est loin d'être excentrique. Il déteste se singulariser. Réfractaire à tout ce qui revêt un caractère de nouveauté, à toute innovation, il préfère s'emmitoufler dans une routine rassurante, faite de traditions et de saines habitudes.

La principale force du Bœuf est son aptitude à créer l'illusion qu'il est fort, solide et inébranlable. En fait, il est toujours couvert d'une robuste armure qui le protège de toutes les intempéries.

Obstiné, acharné, déterminé, persévérant dans tout ce qu'il entreprend, il ne caresse qu'une passion et n'a, quand les choses ne tournent pas à son goût, qu'une échappatoire: le travail. À cet égard, il y a d'ailleurs un risque constant de surmenage, car il ne sait pas s'arrêter.

Sur le plan des relations amoureuses, n'attendez pas du Bœuf qu'il fasse des déclarations d'amour passionnées et lyriques. Et si vous êtes épris d'un natif du Bœuf, n'attendez pas non plus qu'il fasse les premiers pas, car vous risqueriez d'attendre très longtemps. Très mal à l'aise quand il s'agit des sentiments, le Bœuf a du mal à s'exprimer, à manifester ses émotions, à extérioriser sa tendresse et son amour. Toutefois, quand il arrive à passer par-dessus ses scrupules, ses doutes et son embarras, il devient le plus fidèle ami ou mari, la plus loyale épouse. Généralement, du mariage avec un Bœuf résulte une relation stable, durable, sans mensonge mais sans passion.

Le Bœuf a une mémoire d'éléphant, ce qui n'a pas que de bons côtés. Il se souvient toujours d'une injure, d'un affront ou d'une mise en échec humiliante et, pour lui, la vengeance est véritablement un plat qui peut se manger froid. Il attendra son heure, le temps qu'il faudra (le Bœuf est très patient), et sa revanche sera terrible.

Par ailleurs, il sera souvent, particulièrement sur le plan professionnel, en situation d'autorité. Très strict mais juste, il devra prendre garde de ne jamais abuser du pouvoir qui lui sera conféré et de ne jamais exercer sur autrui sa soif de domination.

Ne provoquez jamais la colère d'un Bœuf; s'il est généralement patient, ses rages sont horribles à voir quand il sort de ses gonds.

Les cinq grands types de Boeuf

Le Bœuf de métal (1901, 1961, 2021)

La volonté de ce Bœuf est semblable à son élément: elle est de fer, d'acier trempé. Il obtient toujours tout ce qu'il a décidé d'obtenir et, pour lui, la fin justifie les moyens. Obsédé par la réussite et l'ascension sociale ainsi que par la poursuite de ses objectifs, il est un zélé, si bien qu'on lui reproche souvent de se livrer à un zèle qui frise parfois le fanatisme.

Ses conflits avec les membres de son entourage familial et professionnel sont innombrables. Entêté, voire borné, il défendra et soutiendra son opinion jusqu'à la mort. Il a besoin d'avoir toujours raison, et cela provoque souvent de sérieux affrontements.

Il sait d'ailleurs très bien défendre et justifier ses convictions et ses croyances. Le Bœuf de métal, contrairement à tous ses semblables, s'exprime de façon très claire, avec beaucoup d'intensité et nul ne pourra jamais l'accuser d'être vague et imprécis quant à ses intentions, ses buts et ses souhaits.

Doté d'une incroyable résistance et d'un sens aigu des responsabilités, il a besoin de très peu de sommeil et, pour lui, tout ce qui s'appelle loisirs revêt un caractère de futilité et d'inutilité.

Sur le plan sentimental, il est plutôt du genre «gros sabots»! Avec lui, pas question de romantisme ni d'histoires à l'eau de rose. Que du pratique, du réalisme, du concret, de l'utile et du solide! Il a une sainte horreur des personnes fragiles.

Le Bœuf d'eau (1853, 1913, 1973)

Calme, patient, tenace, persévérant, c'est en alliant son sens pratique et son réalisme que le Bœuf d'eau parvient au succès. Il aime faire plusieurs choses à la fois et il y arrive mieux que personne grâce à sa remarquable aptitude à gérer son temps et à son sens de l'organisation. Méthodique et ordonné, il est ambitieux et travaillant, mais il sait également jouir de la vie et s'offrir quelques moments de loisir quand cela est nécessaire, ce que peu de gens arrivent à faire.

Raisonnable, perspicace et avisé, le Bœuf d'eau est, en outre, le plus souple en ce qui concerne les changements et les innovations. Bien qu'il ne soit pas très enthousiaste devant les méthodes non conventionnelles, il est moins strict et plus ouvert à celles-ci que les autres natifs du Bœuf. En fait, il est moins entêté que ses congénères et il sait suivre la direction du vent. Bien sûr, il ne sera jamais ni un marginal de la société ni un avant-gardiste. Mais il saura s'adapter aux réformes et aux nouveautés sans trop de difficulté.

Le plus important pour ce natif est, et sera toujours, d'acquérir un statut social suffisamment élevé et stable pour s'offrir, et offrir à sa famille, cette sécurité professionnelle, financière et émotionnelle dont il a tant besoin.

Un Boeuf capable de travailler en équipe qui, sans aucun doute, réussira sa vie dans la mesure où il saura être tolérant, souple et où il acceptera le fait que les membres de son entourage n'ont peut-être pas la même capacité de travail que lui.

Le Bœuf de bois (1865, 1925, 1985)

Impartial, honnête et droit, ce Bœuf a un sens aigu de la justice et de l'équité. Sa grande moralité, son intégrité et sa loyauté ne font aucun doute et elles suscitent, chez les membres de son entourage, une grande admiration.

Vous ne verrez jamais un Bœuf de bois s'engager dans des affaires louches ou équivoques, car il agit toujours à l'intérieur des cadres bien définis, fixés par la loi.

Quand il s'en donne la peine, il arrive à comprendre, sinon à accepter, les vues et les opinions des avant-gardistes, des innovateurs, des créatifs et des autres en général. Disons qu'entre tous les Bœuf, celui-ci est, sans aucun doute, le plus émotif. Comme il est plus ouvert et réceptif aux autres, plus conscient aussi de leurs émotions et de leurs sentiments, il se montre beaucoup moins entêté et rigide dans ses opinions. Il sait se rallier, même si ce n'est pas toujours de bon gré, à la majorité.

Il est tout aussi vaillant et travaillant que ses congénères des autres éléments. C'est sans réelle difficulté qu'il parviendra à se hisser au sommet de la carrière qu'il aura choisie et à amasser une jolie fortune.

En outre, comme il est très intelligent, il a compris qu'il ne faut pas mettre tous ses œufs dans le même panier; il saura diversifier ses activités et se constituer un large éventail de possibilités.

Ce Bœuf est difficile à suivre dans ses journées de travail.

Le Bœuf de feu (1877, 1937, 1997)

L'objectif de ce natif est tout simple : atteindre la gloire ! Rien de moins. Bien sûr, il mettra toutes ses énergies, sa détermination, son courage et sa force pour y arriver.

Talentueux, doué, doté d'innombrables habiletés, compétent et déterminé, il a toutes les chances de devenir riche et célèbre. En réalité, comme il est fonceur et qu'il sait exercer une parfaite maîtrise de soi, c'est celui, de tous les Bœuf, qui a le plus de chances d'obtenir tout ce qu'il désire dans l'existence, en commençant par le pouvoir et la notoriété.

Tous ces dons, toutes ces qualités et aptitudes qui rendent le Bœuf de feu si puissant, si énergique et si fier, ont toutefois pour conséquence de le rendre aussi, trop souvent, snob et hautain. Imbu de lui-même et souffrant d'un déplorable complexe de supériorité, il a tendance à éliminer, cavalièrement et parfois même effrontément, de sa route toutes choses et toutes personnes qu'il estime superflues, inutiles et de peu de valeur.

Le Bœuf de feu est un être direct et franc qui ne mâche pas ses mots et qui n'hésite jamais à exprimer le fond de sa pensée. Avec les gens qui s'opposent à lui, ouvertement ou pas, il devient dur, caustique et parfois même carrément méchant.

Bien que l'on ne puisse nier son honnêteté et son sens de la justice, nous pouvons cependant lui reprocher son impatience et son mépris des sentiments d'autrui.

Même s'il a la fâcheuse tendance à se surestimer et à se rendre coupable d'égoïsme, il faut, à sa décharge, lui accorder la qualité de ne jamais abuser de la naïveté des autres et de n'être pas profiteur pour un sou.

Le Bœuf de terre (1889, 1949, 2009)

Le Bœuf de terre est celui, de tous les Bœuf, qui se connaît le mieux. Il connaît ses qualités, ses possibilités, ses talents mais aussi ses défauts, ses carences et ses limites.

Il ne se lance jamais dans une aventure, commerciale ou amoureuse, sans en avoir auparavant calculé tous les risques. Il aime les choses sûres et solides, et déteste les situations ambiguës et incertaines.

Comme tous les natifs du Bœuf, il pratique la théorie des petits pas et, comme l'oiseau, il bâtit son nid, petit à petit, sans jamais ni se hâter ni s'arrêter avant d'avoir terminé.

Volontaire, persévérant, réaliste, il a un sens inné du devoir et des responsabilités (il se fait un point d'honneur de respecter toujours ses engagements) et a, de l'existence, une vision des plus réalistes. Terre à terre comme personne, il est probablement, de tous les signes lunaires, le plus prévisible.

Endurant, résistant, il est doté d'une remarquable force de travail, mais il est dénué de toute créativité et de toute imagination. Inutile de lui demander ce qu'il ferait s'il gagnait un million de dollars à la loterie; il vous répondra probablement qu'il n'achète jamais de billets! Pour lui, il n'existe qu'une seule façon de gagner de l'argent et de faire fortune: travailler.

Le Bœuf de terre réussit toujours, peu importe le domaine dans lequel il choisit de faire carrière, car il est réaliste, brave et, surtout, fin prêt à payer en temps, en sueur et en énergie le prix du succès.

Capable d'efforts soutenus, il abat patiemment tous les obstacles qui barrent sa route et endure, sans jamais se plaindre, la fatigue et les souffrances.

Sur le plan sentimental, il n'est pas un romantique. Ni sensible ni émotif de nature, il est cependant capable, quand il est amoureux, d'affection sincère, de loyauté et de fidélité.

Les ascendants du Bœuf

- Si vous êtes né entre 23 h et 1 h, votre ascendant est le Rat.

Le Bœuf ascendant Rat est un être plein de charme et plutôt sentimental. Méthodique, logique et déterminé, il saura se faire valoir sur le plan financier. Cependant, il gagnerait à être un peu plus tolérant et, surtout, un peu plus patient, car sa vivacité le fait parfois agir de façon irréfléchie.

- Si vous êtes né entre 1 h et 3 h, votre ascendant est le Bœuf.

Doué d'un grand sens du commandement, le Bœuf ascendant Bœuf est un être solide sur qui on peut compter, mais tout à fait dénué d'imagination. Méticuleux, ordonné, organisé, il a horreur du fouillis et du chaos. Méfiant, souvent inquiet, il ne s'investit que dans des projets sûrs et sérieux.

- Si vous êtes né entre 3 h et 5 h, votre ascendant est le Tigre.

Nerveux, changeant, quelquefois inconséquent, le Bœuf ascendant Tigre est, malgré cela, un être extrêmement captivant et attachant. Le goût de l'aventure ne se trouve d'ailleurs, probablement, que chez ce type particulier de Bœuf. Sérieux et fonceur, il est capable de grandes colères rugissantes.

- Si vous êtes né entre 5 h et 7 h, votre ascendant est le Lapin.

Enfin, un Bœuf aux talents d'artiste et doté, par surcroît, du sens de l'humour! Paisible, discret, il a cependant des idées bien arrêtées sur tout et il est quasiment impossible, quand son opinion est faite, de le faire changer d'idée.

Il doit se méfier de sa tendance à sombrer, quand cela va mal, dans la morosité et la tristesse.

- Si vous êtes né entre 7 h et 9 h, votre ascendant est le Dragon.

Le Bœuf ascendant Dragon caresse de grandes ambitions, ce qui est très bien car il aura toujours de fort nombreuses perspectives de travail et n'aura que l'embarras du choix. C'est un vainqueur-né! Il doit apprendre, cependant, à se faire un peu plus discret quand cela est nécessaire.

- Si vous êtes né entre 9 h et 11 h, votre ascendant est le Serpent.

Un Bœuf discret, voire secret, qui n'aime pas du tout être à l'avant-scène, mais qui préfère travailler dans l'ombre. Méfiant, soupçonneux et possédant bien peu de confiance en soi, il a tendance à s'enliser dans une routine monotone par peur des risques et de l'aventure.

- Si vous êtes né entre 11 h et 13 h, votre ascendant est le Cheval.

L'influence du Cheval nous donne ici, enfin, un Bœuf joyeux qui a moins peur que les autres de s'aventurer sur des terrains inconnus. S'il évite de sombrer dans la superficialité, s'il arrive à atteindre un équilibre entre son besoin de liberté et sa discipline, alors cette combinaison sera gagnante.

- Si vous êtes né entre 13 h et 15 h, votre ascendant est la Chèvre.

Un Bœuf doux, apparemment docile qui possède un remarquable et redoutable sens des affaires. Il est travaillant comme tous les Bœuf, mais il sait prendre le temps de vivre et de profiter des beaux moments de l'existence. Il devra toutefois se méfier, car sa naïveté lui fera parfois prendre des vessies pour des lanternes.

- Si vous êtes né entre 15 h et 17 h, votre ascendant est le Singe.

Un Bœuf qui sait vaincre ses adversaires avec une diplomatie, un tact et un sens des affaires inouïs. Astucieux, rusé, il est un excellent négociateur et n'hésite jamais à utiliser son art de convaincre et son leadership pour arriver à ses fins. Il devra toutefois prendre garde de ne pas devenir un manipulateur sans âme et sans conscience.

- Si vous êtes né entre 17 h et 19 h, votre ascendant est le Coq.

Un Bœuf qui a la volonté bien arrêtée de tout conquérir, comme la plupart de ses congénères, mais qui possède, en plus, d'étonnants talents d'orateur qui le servent bien. Nerveux, il a cependant tendance à s'agiter inutilement. Il doit apprendre à planifier un peu plus et à parader un peu moins.

- Si vous êtes né entre 19 h et 21 h, votre ascendant est le Chien.

Un Bœuf entier, têtu, opiniâtre qui veut toujours avoir raison. Ses grandes valeurs morales compensent toutefois pour sa tendance à être parfois un peu trop radical. Heureusement, cet aspect négatif de sa personnalité est tempéré par la sagesse du Chien. Idéaliste, il caresse de grandioses ambitions et possède un sens inné de la justice.

- Si vous êtes né entre 21 h et 23 h, votre ascendant est le Cochon.

Le Bœuf ascendant Cochon apprécie les bonnes choses de la vie et prend le temps de goûter aux bonheurs tout simples. Méthodique et ordonné, son emploi du temps est toujours établi longtemps à l'avance. Il doit apprendre cependant à devenir moins hésitant, car cela lui fait perdre de nombreuses occasions.

Le Bœuf à travers les années

L'année du Rat (1996, 2008)

Pour le Bœuf, une bonne année sur le plan sentimental. Par contre, côté professionnel, ce natif devra, pour réussir, investir une grosse somme d'énergie, mais cela en vaudra très certainement la peine. Il y a des possibilités d'associations et de promotions ainsi que de belles perspectives d'avenir sur le plan financier.

L'année du Bœuf (1997, 2009)

Une année généralement bonne pour le Bœuf. De nouvelles relations amoureuses se tissent et il y a même une possibilité de mariage. Quelques obstacles obstrueront sa route, mais ils seront vite renversés. Le Bœuf devra toutefois s'armer de patience, car les choses n'évolueront pas toujours assez rapidement à son goût.

L'année du Tigre (1998, 2010)

Le Bœuf doit comprendre, en cette année du Tigre, qu'il a besoin des autres et que ce n'est pas en se montrant irascible et impatient qu'il obtiendra leur aide et leur appui. Au contraire! Sur le plan professionnel, les récoltes seront très moyennes et seules la persévérance et l'endurance conduiront ce Bœuf au succès.

L'année du Lapin (1999, 2011)

L'année du Lapin, pour le Bœuf, sera sans aucun doute meilleure que l'année précédente. Que ce soit sur les plans familial, amoureux ou professionnel, les choses se placent tout doucement. Le vent tourne pour le Bœuf et, s'il sait saisir les occasions qui se présentent, il reprendra rapidement les rênes du pouvoir.

L'année du Dragon (2000, 2012)

Une année douce et plaisante pour le Bœuf! S'il sait mettre de côté son intransigeance et cultiver l'art de la diplomatie, ses relations avec les membres de son entourage seront alors harmonieuses et lui procureront beaucoup de plaisir. Les projets en cours évolueront lentement, mais sûrement.

L'année du Serpent (2001, 2013)

Enfin, le Bœuf peut respirer plus librement! Certains de ses projets aboutissent et plusieurs autres commencent à prendre forme. C'est une période de grandes réalisations. Cependant, le Bœuf doit absolument accepter le fait que les autres ne peuvent pas toujours être de son avis. Chacun a droit à son opinion, et il est tenu de les respecter.

L'année du Cheval (2002, 2014)

Au cours de l'année du Cheval, de nombreux événements surviendront sur lesquels le Bœuf n'aura aucun contrôle, ce qui, bien sûr, le mettra en rogne. Certains placements s'avéreront désastreux et certaines amitiés seront ternies par le mauvais caractère du Bœuf. Pourtant, s'il est un moment où il a besoin des autres, c'est bien cette année!

L'année de la Chèvre (2003, 2015)

L'année de la Chèvre annonce une notable amélioration de la vie du Bœuf et de ses affaires en général. S'il sait se montrer prudent et un peu plus souple et docile, le Bœuf obtiendra d'excellents résultats. En même temps que sa force et sa détermination, il retrouvera sa confiance en soi. La santé sera bonne et les relations familiales seront stables.

L'année du Singe (2004, 2016)

Une année en dents de scie. Tout n'évolue pas toujours dans le sens désiré par le Bœuf. Il a parfois tendance à voir un peu trop grand, un peu trop vite. En cette année du Singe, il y a des risques de surmenage pour le Bœuf un peu trop impétueux et fébrile. Il doit à tout prix faire ce qu'il faut pour calmer son système nerveux, sans quoi il risque d'exploser.

L'année du Coq (2005, 2017)

Une année de chance, de bonne fortune, d'aubaines de tous genres. Le Bœuf aura de nombreuses occasions de faire valoir ses talents et sa compétence. S'il sait s'y prendre, c'est-à-dire s'il apprend à s'exprimer avec un peu plus de finesse, il aura alors beaucoup à gagner, car l'année du Singe prédit de grandes rentrées d'argent.

L'année du Chien (2006, 2018)

Une année difficile. Le Bœuf, à la suite d'une déception amoureuse, aura tendance à se laisser sombrer dans la dépression. Il faut dire que, pour lui, une rupture est synonyme d'échec. Il doit se reprendre à tout prix et tenter d'oublier son chagrin en accomplissant quelque chose qui le valorise. Allez, bovins, la vie continue!

L'année du Cochon (2007, 2019)

Une bonne année pour le Bœuf qui aime que les choses bougent et progressent très vite. L'année du Cochon sera débordante d'activités, de projets et de réalisations. Le Bœuf, déterminé à réussir et à s'assurer une certaine stabilité, ira de l'avant avec prudence, bien sûr, mais avec beaucoup d'assurance.

Les compatibilités

Bœuf / Rat

Excellente relation aussi bien sur le plan amoureux que sur le plan professionnel. Le Bœuf et le Rat se comprennent et s'entendent bien.

Bœuf / Bœuf

Les natifs du Bœuf ont de nombreux intérêts en commun mais, entre eux, il n'y a pas véritablement d'entente profonde. Ils ne coopèrent que si cela est vraiment nécessaire.

Bœuf / Tigre

Le Bœuf et le Tigre sont, en raison de leur personnalité respective, d'éternels rivaux. Tous les deux aiment trop les affrontements pour être capables de s'entendre.

Bœuf / Lapin

Aucun conflit majeur ne sépare ces deux natifs. Ils sont capables d'établir de solides et durables relations tant sur les plans affectif qu'amical ou professionnel.

Bœuf / Dragon

Le respect qu'ils se vouent mutuellement rend leur union très harmonieuse. Les relations de pouvoir, entre eux, sont inexistantes. Excellente coopération.

Bœuf / Serpent

Très belle et très harmonieuse combinaison. Excellentes relations faites d'empathie, de respect et d'amour.

Bœuf / Cheval

Une relation qui peut être belle, mais qui ne sera sans doute que passagère car il y a, entre ces deux natifs, d'insurmontables problèmes de communication.

Bœuf / Chèvre

Une union à éviter si on veut s'épargner des conflits et des affrontements. Le Bœuf et la Chèvre ont du mal à s'endurer et sont incapables de communiquer.

Bœuf / Singe

Un respect mutuel unit ces deux êtres. Ils ne s'affrontent jamais, car ils sont toujours capables de trouver un terrain d'entente qui leur donne entière satisfaction.

Bœuf / Coq

Une excellente union, une combinaison gagnante. Il n'y a, entre eux, aucune difficulté de communication et ils peuvent trouver facilement le bonheur ensemble.

Bœuf / Chien

Le Bœuf et le Chien n'ont pas vraiment d'affinités communes. On peut même dire qu'une antipathie instinctive les sépare.

Bœuf / Cochon

Une combinaison qui peut donner d'excellents résultats dans la mesure où chacun accepte une vie routinière et une sexualité tiède. Avec eux, pas de surprises ni d'imprévus.

LE TIGRE

Nom chinois: HU
Ordre parmi les signes: 3e
Polarité: +
Élément invariable: Bois
Signe zodiacal correspondant: Verseau
Mois: Février
Saison: Hiver
Direction: Est-nord-est
Heures où l'influence du Tigre prédomine: 3 h à 5 h

Les années du Tigre

Début du cycle	Fin du cycle	Élément
8 février 1902*	28 janvier 1903**	Eau
26 janvier 1914	13 février 1915	Bois
13 février 1926	1er février 1927	Feu
31 janvier 1938	18 février 1939	Terre
17 février 1950	5 février 1951	Métal
5 février 1962	24 janvier 1963	Eau
23 janvier 1974	10 février 1975	Bois
9 février 1986	28 janvier 1987	Feu
28 janvier 1998	15 février 1999	Terre

* Si vous êtes né le 7 février 1902, votre emblème est le Bœuf.

** Si vous êtes né le 29 janvier 1903, votre emblème est le Lapin.

L'année du Tigre

Une année explosive qui commence généralement par une détonation et qui, hélas! se termine trop souvent dans les pleurs et les lamentations.

C'est une année de démesure où tout, le bon comme le mauvais, est poussé à l'extrême. Les mesures que l'on prend pour régler toutes choses sont draconiennes et le moindre événement prend l'allure de drame. C'est le temps où jamais de sortir, du fond de vos tiroirs, vos réserves de modération et de diplomatie afin de tenter d'adoucir et de tempérer cette atmosphère de passion, de frénésie et parfois même de fanatisme.

Cette atmosphère délirante est d'ailleurs celle qui prévaut, en l'année du Tigre, sur toute la planète. Elle est souvent responsable des guerres, des désastres, des catastrophes et des grands scandales internationaux. Dans l'année de ce redoutable félin, rien n'est petit, tendre ou délicat. Tout est colossal, excessif, immodéré. En conséquence, tout devient aussi très fragile, puisque le feu peut prendre à n'importe quel moment. À cet égard, il est fortement conseillé de ne s'entourer, sur les plans amical, amoureux et professionnel, que de gens dignes de confiance pour éviter d'être lésé, blessé ou dépouillé.

En outre, l'impression générale qui se dégage de cette année est que les gens ont perdu leur sens pratique, leur prudence et leur pouvoir de réflexion. À l'instar du Tigre, des individus, pourtant sages jusqu'à ce jour, prennent des risques incroyables en se lançant, sans réfléchir, dans des aventures audacieuses et périlleuses au risque de tout perdre.

Par contre, c'est aussi l'année idéale pour donner un coup de fouet aux causes perdues ou aux affaires qui déclinent, et pour effectuer un changement radical dans tous les domaines de la vie.

C'est l'année où l'homme peut donner, en tout, sa pleine mesure et extraire de lui le meilleur comme le pire.

La personnalité du Tigre

QUALITÉS: Courageux jusqu'à la témérité, vigoureux, passionné, sensible, fougueux, généreux, imaginatif, hyperénergique, enthousiaste, charismatique, fier, entier, absolu, audacieux, noble, amoureux du défi.

DÉFAUTS: Puissant orgueil parfois mal placé, excessif, casse-cou, méfiant, dépressif, un tantinet égocentrique, irréfléchi, indiscipliné, rebelle.

On pourrait affirmer, sans aucun doute et sans craindre de se tromper, que le but principal du Tigre, dans la vie, c'est l'aventure sous toutes ses formes. Aventures professionnelles: il a besoin d'innover, de changer, d'améliorer, de tout chambarder. Aventures amicales: il a toujours beaucoup d'amis, mais il les change souvent. Aventures amoureuses: pour lui, il n'y a rien comme la variété et la passion d'une relation naissante.

En un mot, il a besoin d'être constamment stimulé par le mouvement, le bruit, les changements, la nouveauté. Si vous lui parlez de routine, de conventions sociales, d'attachement à votre demeure ou de l'importance d'une relation affective permanente, vous verrez se peindre sur son visage une moue dégoûtée et briller dans ses yeux l'envie de fuir pour ne plus vous entendre.

C'est que le Tigre est sauvage! Sauvage, rebelle, insoumis, indiscipliné et fier de l'être. Il a horreur des conventions, des règlements, du formalisme, de tout ce qui revêt un caractère obligatoire ou qui constitue une entrave à sa chère liberté. Il aime être libre d'aller où il veut, quand il le veut et avec qui il le veut; libre de poursuivre, comme il l'entend, sa quête incessante d'expériences nouvelles. De celles qui sollicitent ses sens, car le Tigre aime toucher, goûter, sentir et ressentir.

Il agit souvent sur des coups de tête et des coups de cœur de façon, parfois, tout à fait déraisonnée. Doté d'une sensualité irrésistible, il aime les dessous affriolants, les décors propices à l'amour et les mets raffinés.

Le pire affront que l'on puisse faire à ce fier chat sauvage, c'est de l'ignorer, de faire comme s'il n'était pas là! Ou encore, se taire et ne pas s'extasier alors qu'il vient d'accomplir un exploit. Car le Tigre ne peut absolument pas supporter de ne pas être remarqué. Et méfiez-vous! Si vous vous rendez coupable d'indifférence à son égard, si vous l'ignorez délibérément, il vous en tiendra rancune tant qu'il n'aura pas exercé sur vous une perfide vengeance.

Pour faire plaisir à un Tigre, permettez-lui de briller, de se distinguer, de se démarquer des autres. Placez-le seul sur la scène et applaudissez-le.

Si vous rencontrez un Tigre qui a le moral à terre, ne faites pas appel à sa logique ni à son bon sens. La meilleure manière de lui rendre sa bonne humeur, c'est de le flatter dans le sens du poil, avec des compliments sincères.

Rien, ni les nuages noirs, ni l'orage, ni l'ouragan, ni la solitude, ni le désespoir, ne saurait abattre le Tigre pour bien longtemps. S'il tombe parfois et reste un moment au sol, c'est pour mieux prendre son élan et rebondir de plus belle.

Les cinq grands types de Tigre

Le Tigre de métal (1890, 1950, 2010)

Prompt et rapide, le Tigre de métal agit toujours avec célérité même s'il le fait parfois avec un peu de brusquerie. Que voulez-vous, c'est un passionné!

Remarquablement actif, doté d'une belle énergie, ce Tigre caresse de grandes ambitions et réalise, généralement, de bien grandes choses. Déterminé, agressif dans l'action, décidé à réussir, il n'a aucun doute sur ses compétences et ses capacités, et il se sait capable de venir à bout de n'importe quel obstacle.

Travaillant, robuste, persévérant, increvable, il fera des exploits s'il est motivé ou défié. Cependant, on peut lui reprocher son côté égocentrique, car le Tigre de métal ne fait les choses que pour ce que lui-même peut en retirer, négligeant trop souvent les sentiments d'autrui.

Bien qu'il sache assumer ses responsabilités, il ne court pas après elles. Indépendant, autonome, il déteste se conformer aux règles établies et fuit tout ce qui ressemble, de près ou de loin, à ce qui brime sa liberté.

Le Tigre de métal est un éternel optimiste. Parfois trop! Il a souvent tendance à voir trop grand, à extrapoler outre mesure et à caresser des espoirs utopiques et irréalistes.

Son pire défaut est son manque de patience. Il voudrait toujours tout, tout de suite et n'est constant et fidèle qu'en regard de lui-même, de ses désirs et de ses attentes.

Mais, malgré tout cela, il est sympathique, aime projeter l'image d'une personne chic et élégante, et s'arrangera toujours pour ne pas passer inaperçu.

Le Tigre d'eau (1902, 1962, 2022)

Le Tigre d'eau est doté d'un bel équilibre mental et physique. Intuitif, il possède un jugement sain et un sens inné de la justice. Travaillant et avant-gardiste comme tous les Tigre, il est constamment à la recherche de nouvelles expériences.

Comme il possède la faculté de s'exprimer clairement, aisément et posément, il lui est facile d'établir des contacts avec les autres. Puis, s'il sait parler, il sait aussi, ce qui est plus rare chez le Tigre, écouter.

Toujours au courant de tout ce qui se passe autour de lui, il a le don de savoir saisir au vol toutes les occasions qui peuvent lui être favorables. Comme il est plus réaliste que le Tigre de métal, il s'investira rarement dans une entreprise risquée, car il sait, intuitivement, estimer les bons et les mauvais côtés d'une éventuelle aventure. En outre, comme il a le contrôle de ses émotions, il est tout à fait capable de poser un regard objectif sur les gens, les choses et les événements.

Plus calme et nettement moins explosif que certains autres Tigre, le Tigre de métal est vif d'esprit, humain, altruiste et ouvert aux idées nouvelles.

Toujours prêt à bouger il est néanmoins capable de beaucoup d'application et de concentration.

Le côté négatif de sa personnalité est cette fâcheuse tendance à remettre au lendemain, plus souvent qu'à son tour, ce qu'il pourrait (ou devrait) faire aujourd'hui.

Le Tigre de bois (1914, 1974, 2034)

Comme il a une sainte horreur de tout ce qui ressemble, de près ou de loin, à des responsabilités, le Tigre de Bois est passé maître dans l'art de commander, de déléguer, de manipuler les autres pour leur faire accomplir les tâches à sa place.

Ce Tigre est le plus paisible de tous. Mais il ne faut pas croire que cela lui enlève toute envie d'aventure. Il aime se frotter à tout ce qui est interdit, mais il ne prend jamais que des risques calculés. D'ailleurs, vous ne le verrez jamais s'engager dans une entreprise s'il n'est pas absolument convaincu qu'il va réussir, bien qu'il ait énormément de mal à admettre ses limites.

Sa plus grande force réside très certainement dans son aptitude à s'intégrer à n'importe quel groupe et dans sa remarquable capacité à réunir, autour de lui, des personnes toutes plus différentes les unes des autres sans qu'il n'y ait jamais de conflit. C'est que le Tigre a compris qu'il a besoin des autres, de leur appui et de leur collaboration, ne serait-ce que pour le faire avancer plus rapidement.

Cependant, malgré son charme et son affabilité, c'est un individualiste. Rien ni personne ne lui est jamais indispensable. Fidèle, il ne l'est complètement qu'envers lui-même. En outre, il va très rarement au fond des choses. Il préfère se laisser flotter à la surface de la mer plutôt que d'aller en explorer l'intérieur. À cet égard, il n'est pas vraiment l'as des relations à long terme. En réalité, il a la mentalité d'un coureur des bois qui ne s'arrête jamais très longtemps à la même place et qui fuit tout ce qui s'appelle sédentarisme, permanence et responsabilité.

Le Tigre de feu (1866, 1926, 1986)

Extraverti, avant-gardiste, un peu révolutionnaire, comédien-né, indépendant, le Tigre de feu est un être dont il est extrêmement difficile de prévoir le comportement. Il est imprévisible! Toujours en train de courir à droite et à gauche, il s'agite, bondit, rugit, s'arrête, bifurque, fait volte-face et repart dans une autre direction. Difficile à suivre? Non, impossible à suivre!

Doté d'une énergie débordante, il prodigue son enthousiasme à tous ceux qui croisent sa route. Avec lui, pas de demi-mesure! Il est entier, authentique, absolu en tout. Si on ne peut jamais prévoir quelles seront ses actions, on peut toutefois d'ores et déjà prédire que tout ce qu'il fera aura toujours un petit côté théâtral, dramatique, tragique ou saisissant. En réalité, il est très impressionnant, et la vie près de lui n'est jamais ennuyante. De plus, il possède un sens de l'humour exceptionnel.

Il utilise sa vitalité dans tout ce qu'il entreprend. Il ne fait jamais rien avec indifférence. Il n'est jamais tiède ni drabe parce que, pour lui, tout ce qui mérite son attention devient une chose impérative.

Éternel optimiste, il sait s'imposer avec respect, commander avec justice et obtenir tout ce qu'il veut d'un simple sourire.

Sur le plan amoureux, il est tout aussi explosif que dans la vie de tous les jours. Doté d'une grande sensualité, il exprime et vit sa sexualité avec fougue et passion. Avis, donc, aux personnes du sexe opposé: si vous êtes traditionnel au lit, abstenez-vous d'unir votre destinée au Tigre de feu.

Le Tigre de terre (1878, 1938, 1998)

Que voilà un Tigre sage en comparaison du Tigre de feu! En fait, ce grand félin de terre est, sans aucun doute, le plus responsable, le plus raisonnable, le plus mature et le plus facile à apprivoiser de tous les Tigre.

Calme et doux, il est également prudent et avisé, et ne passe jamais à l'attaque de façon irréfléchie. Comme toutes les personnes qui sont liées à l'élément terre, ce Tigre est stable, solide et persévérant. Il est capable d'affronter n'importe quelle situation ou n'importe quel événement avec sang-froid et sans devenir agité ou hystérique.

En outre, ce natif arrive à établir d'excellentes relations et des liens durables avec les membres de son entourage.

Méthodique et objectif, il n'est pas de ceux qui sautent aux conclusions en ne tenant compte que des apparences. Il n'écoute jamais les racontars et les potins, et il a un grand mépris pour les gens médisants. Son grand sens de la justice, de l'égalité et de l'équité l'empêche de porter des jugements précipités.

Le Tigre de terre est combatif. Il voit toujours poindre la lumière même au bout des plus sombres tunnels. Son objectivité lui permet de ne jamais se laisser brouiller la vue par ses émotions.

Quand les choses ne sont pas à son goût ou quand il obtient un très grand succès, il a tendance à devenir fier et hautain. La prétention et le snobisme dont il fait alors preuve le rendent insensible aux sentiments des autres et le dépouillent de tout son charme.

Les ascendants du Tigre

- Si vous êtes né entre 23 h et 1 h, votre ascendant est le Rat.

Un Tigre qui adore jouer des tours. Un Tigre malicieux, coquin, espiègle, mais sans aucune méchanceté. Ce qui est le plus important chez lui, c'est la recherche de l'équilibre entre le physique et le mental, entre le yin et le yang. Sympatique et d'agréable compagnie, il devra toutefois veiller à corriger sa tendance à l'exaltation et aux sautes d'humeur.

- Si vous êtes né entre 1 h et 3 h, votre ascendant est le Bœuf.

Volontaire, un peu capricieux, changeant, fantasque, le Tigre ascendant Bœuf est un être au tempérament énergique. Heureusement, le Bœuf lui donne la discipline qui lui fait tellement défaut. Le résultat est surprenant, car nous nous trouvons devant un Tigre calme, placide et discipliné dont la détermination passera à la légende.

- Si vous êtes né entre 3 h et 5 h, votre ascendant est le Tigre.

Cent pour cent Tigre, cent pour cent griffes, dents et rugissements. Avec lui, vif et fougueux, on ne s'ennuie jamais mais il faut, en contrepartie de cette vie trépidante et pleine d'imprévus, accepter de subir ses incessantes fluctuations d'humeur. Son goût du risque et de l'aventure est violent, aigu, incurable.

- Si vous êtes né entre 5 h et 7 h, votre ascendant est le Lapin.

L'influence bénéfique du Lapin procure à ce Tigre un meilleur contrôle de ses émotions. En outre, il lui prête sa remarquable habileté à manœuvrer dans les situations délicates. Cette combinaison engendre un Tigre débrouillard qui saura toujours se sortir des situations embarrassantes.

- Si vous êtes né entre 7 h et 9 h, votre ascendant est le Dragon.

L'agileté et la fougue du Tigre combinées à la puissance du Dragon engendre un individu fort, un chef, un leader, un être qui atteindra, sans aucun doute, les plus hauts sommets à condition qu'il mette un peu de côté son incommensurable ego et qu'il acquière un peu de finesse dans sa façon de s'exprimer.

- Si vous êtes né entre 9 h et 11 h, votre ascendant est le Serpent.

L'adresse, le tact et la diplomatie du Serpent arriveront sans doute à contrôler, un tant soit peu, le manque de délicatesse du Tigre et son imprévisibilité. Le Tigre ascendant Serpent parviendra au succès et à la prospérité à condition qu'il sache bien doser les vibrations positives du Serpent et ses talents de redoutable négociateur.

- Si vous êtes né entre 11 h et 13 h, votre ascendant est le Cheval.

Le Cheval donne au Tigre un peu de son sens pratique et de sa prudence face au danger. Il le rendra d'ailleurs certainement plus avisé et plus circonspect dans ses prises de décision. Le Tigre ascendant Cheval ne se lancera pas tête baissée dans n'importe quelle aventure sans en avoir d'abord mesuré les risques. Mais le manque de sens des responsabilités, de l'un comme de l'autre, risque d'avoir de fâcheuses conséquences.

- Si vous êtes né entre 13 h et 15 h, votre ascendant est la Chèvre.

Voilà un être qui s'épanouira, vraisemblablement, dans la création artistique! Mais attention! Le Tigre ascendant Chèvre est un mélange explosif de jalousie et de possessivité que le natif devra apprendre à contrôler. S'il y parvient, le résultat sera merveilleux et produira un être à la personnalité vive, colorée et dotée d'une remarquable sensibilité.

- Si vous êtes né entre 15 h et 17 h, votre ascendant est le Singe.

Nous voilà devant une personnalité difficile à contrôler, presque impossible à discipliner. Cependant, le Tigre ascendant Singe est incontestablement une force de la nature. Positivement, cette combinaison engendrera un individu puissant et habile; négativement, un être violent et roublard.

- Si vous êtes né entre 17 h et 19 h, votre ascendant est le Coq.

Voilà une personnalité fascinante qui allie le côté faiseur de troubles du Tigre et l'aspect médiateur-conciliateur du Coq. Ce natif se mettra souvent les pieds dans les plats à cause de sa fâcheuse tendance à dire toujours tout ce qui lui passe par la tête, mais il aura toujours quand même beaucoup de succès, car il trouve le moyen de se faire pardonner ses bévues.

- Si vous êtes né entre 19 h et 21 h, votre ascendant est le Chien.

Sans doute le plus efficace et le plus raisonnable de tous les Tigre. Il est sensé, avisé, prudent et sage, et ne prend jamais de risques inutiles. Il n'hésite pas non plus à relever de très grands défis. Attention! Ne le défiez pas ouvertement, car il pourrait devenir méchant et vous mordre sans vergogne.

- Si vous êtes né entre 21 h et 23 h, votre ascendant est le Cochon.

Un Tigre sage, simple et réfléchi. Bienveillant de nature, il est généreux et toujours plein de bonnes intentions et d'égards pour les membres de son entourage. Un peu naïf sur le plan sentimental, il devra se méfier de gens du sexe opposé et ne pas toujours croire tout ce qu'on lui raconte. Un Tigre, en outre, un peu soupe au lait.

Le Tigre à travers les années

L'année du Rat (1996, 2008)

Une année difficile pour le Tigre, surtout sur le plan financier, car il sera entouré de personnes plutôt rapaces et malintentionnées. Rien ne lui servira, toutefois, de rugir ou de sortir ses griffes, car il ne ferait qu'envenimer la situation. La meilleure chose à faire est, sans aucun doute, de se tenir tranquille tout en faisant sa petite affaire.

L'année du Bœuf (1997, 2009)

On ne peut pas prédire que l'année du Bœuf sera, pour le Tigre, une année idéale, mais elle sera tout au moins plus belle et plus bénéfique que l'année précédente. Hélas! sa liberté d'action sera encore entravée par certaines circonstances sur lesquelles il n'a aucun contrôle. Il devra apprendre à mettre son ego de côté et à se plier de bon gré aux ordres de ses supérieurs hiérarchiques.

L'année du Tigre (1998, 2010)

L'année du Tigre, pour le Tigre, en est une de bonheur. Bien que les finances ne soient pas encore très florissantes, il peut toutefois s'offrir quelques petites douceurs bien méritées. Tout au cours de cette année, le Tigre devra bien prendre garde aux défis qu'il acceptera de relever et agir, partout et en tout temps, avec prudence et circonspection.

L'année du Lapin (1999, 2011)

Une année fructueuse sur tous les plans. Sont prévus, à l'agenda du destin, des rencontres amicales nombreuses dont une se transformera en relation amoureuse durable et plusieurs autres, en relations professionnelles bénéfiques. Des rentrées d'argent très intéressantes, un rétablissement complet sur le plan de la santé et un élan de créativité salutaire pour ce Tigre.

L'année du Dragon (2000, 2012)

Si cela était en son pouvoir, le Tigre traverserait cette année d'un seul bond prodigieux ou alors il s'offrirait une cure de sommeil de douze mois. En effet, l'atmosphère sera chargée de conflits, de peines, d'émotions douloureuses et, financièrement, de fins de mois difficiles. En outre, le Tigre sera sollicité pour participer à des affaires plutôt louches.

L'année du Serpent (2001, 2013)

On ne peut pas dire du Tigre, en cette année du Serpent, qu'il se distingue grâce à sa sagesse et à son sérieux. Superficiel et frivole, il se laisse porter par la vague du je-m'en-foutisme. Cependant, quelques sursauts de lucidité lui permettront, heureusement, de corriger certains mauvais placements effectués l'année précédente. Par ailleurs, son inconstance, sur le plan affectif, empêche toute relation durable.

L'année du Cheval (2002, 2014)

Enfin, une belle et heureuse année pour le Tigre qui devra, cependant, veiller, s'il veut mettre toutes les chances de son côté, à acquérir un peu plus de discipline personnelle. Dans tous les domaines, les portes s'ouvrent sur le Tigre resplendissant et fier. Une période de changements heureux et, pour certains, de transformations radicales.

L'année de la Chèvre (2003, 2015)

C'est une année difficile sur le plan financier pour le Tigre qui aura beaucoup de mal à joindre les deux bouts. Cette situation provoquera des tensions qui auront des répercussions dans tous les autres domaines de sa vie. Il serait bon qu'il consacre cette année à consolider sa relation amoureuse et qu'il accorde, en outre, plus de temps à sa famille.

L'année du Singe (2004, 2016)

Les relations conjugales, amicales, familiales et professionnelles du Tigre sont au beau fixe cette année. Le ciel sera plus clément pour ce natif et lui accordera de nombreux gains et succès ainsi que de belles victoires. Comme il s'est offert une honnête prise de conscience, le Tigre aura moins de difficulté à accepter des compromis.

L'année du Coq (2005, 2017)

Une année difficile pour le Tigre. Les problèmes seront beaucoup plus d'ordre psychologique que matériel. Des situations ambiguës engendreront des malentendus qui dégénéreront en conflits ouverts. Jalousie, médisance et rancune seront au rendez-vous. Rien ne sert de sortir les crocs et les griffes. Il faut relativiser l'importance des problèmes et laisser couler le temps.

L'année du Chien (2006, 2018)

En cette année du Chien, le Tigre devient sage; il agit avec plus de logique et moins d'impulsivité. Sur le plan amoureux, il y a épanouissement et développement heureux d'une relation nouvelle. Côté professionnel, le Tigre devra déployer plus d'efforts pour relever certains défis, mais il y arrivera grâce à la présence de sa bonne étoile.

L'année du Cochon (2007, 2019)

Une année de bonheur sur tous les plans. Les relations amoureuses sont stables et sereines; les relations amicales, empreintes d'humour et d'harmonie; les relations professionnelles, lucratives. Côté argent, bien que les finances soient florissantes, le Tigre devra toutefois veiller à ne pas se laisser aller à faire des folies ni à dépenser à tort et à travers.

Les compatibilités

Tigre / Rat

Ces deux natifs n'ont pas vraiment les mêmes centres d'intérêt, mais ils peuvent tout de même partager bien des choses. Mieux vaut choisir une relation ami-amant qu'une relation stable et à long terme.

Tigre / Bœuf

Discorde et rivalité au menu. Conflits nombreux et sérieux, incompréhension et antagonisme. Relation franchement incompatible.

Tigre / Tigre

Relation conciliable, mais dans une certaine mesure seulement. Un peu de méfiance, de part et d'autre, empoisonne cette union qui peut, cependant, s'avérer fructueuse sur le plan professionnel.

Tigre / Lapin

Relation plutôt tiède. Pas de conflit sérieux, mais pas non plus de sympathie affichée. Une mutuelle tolérance qui frise l'indifférence.

Tigre / Dragon

Une belle relation basée sur le respect mutuel et sur une bonne compréhension malgré une possible lutte pour le pouvoir. Rien d'impossible à régler.

Tigre / Serpent

À moins d'avoir envie de vivre une relation faite de doute et de suspicion, il vaut mieux éviter cette combinaison. Aucune relation possible entre ces deux êtres qui éprouvent, l'un pour l'autre, une antipathie instinctive.

Tigre / Cheval

Cette combinaison est excellente, tant sur le plan professionnel que sur le plan amoureux. Entre ces deux natifs existe une complicité naturelle et digne d'envie.

Tigre / Chèvre

Une relation amoureuse brève et passagère est possible, mais il ne faut pas espérer l'établissement de liens profonds ou de relation à long terme.

Tigre / Singe

Trop de conflits de personnalité règnent ici pour espérer des relations affectives. Tout au plus, ces deux natifs seront capables de s'endurer au travail.

Tigre / Coq

Pas très fort comme combinaison. Tiède et modérée sont les termes que nous pourrions utiliser pour qualifier une éventuelle relation entre ces deux êtres.

Tigre / Chien

Une relation quasiment parfaite basée sur une communication ouverte et franche. Bonheur et prospérité possibles. Union souhaitable.

Tigre / Cochon

Une relation fondée sur la sécurité. Le Tigre et le Cochon sont capables de trouver, ensemble, le bonheur, la chance et l'abondance.

LE LAPIN

Nom chinois: T
Ordre parmi les signes: 4e
Polarité: –
Élément invariable: Bois
Signe zodiacal correspondant: Poissons
Mois: Mars
Saison: Printemps
Direction: Est
Heures où l'influence du Lapin prédomine: 5 h à 7 h

Les années du Lapin

Début du cycle	Fin du cycle	Élément
29 janvier 1903*	15 février 1904**	Eau
14 février 1915	2 février 1916	Bois
2 février 1927	22 janvier 1928	Feu
19 février 1939	7 février 1940	Terre
6 février 1951	26 janvier 1952	Métal
25 janvier 1963	12 février 1964	Eau
11 février 1975	30 janvier 1976	Bois
29 janvier 1987	16 février 1988	Feu
16 février 1999	4 février 2000	Terre

* Si vous êtes né le 28 janvier 1903, votre emblème est le Tigre.

** Si vous êtes né le 16 février 1904, votre emblème est le Dragon.

L'année du Lapin

Ouf! le monde entier pousse un soupir de soulagement en voyant se terminer la folle et délirante année du Tigre. Conséquemment, celle du Lapin, tranquille, calme et sereine, est véritablement la bienvenue. Bien sûr, chacun en profitera d'abord pour reprendre son souffle et refaire le plein d'énergie après les durs combats de l'année précédente. Puis, dès le moment où la tension sera disparue, dès que les gens auront reconnu que la persuasion douce est bien supérieure à la force brute, alors reviendra le soleil.

Ce dernier donnera à tous la capacité de faire des compromis et des concessions, et l'envie de faire preuve d'indulgence. Mais attention! Trop d'indulgence conduit à la paresse et un goût trop prononcé pour le confort risque d'atrophier, chez plusieurs individus, le sens du devoir.

En fait, il règne, en cette douce année, une sorte de laxisme général qui rend les lois, les juges et les forces de l'ordre plus souples, plus cléments, plus tolérants.

Il semble bien que la principale préoccupation de tous soit d'être heureux en prenant la vie comme elle vient, sans se casser inutilement la tête.

Mais ce comportement risque de provoquer la détestable tendance à toujours remettre à plus tard (et le plus tard possible) l'accomplissement des tâches.

En bref, un belle année sans trop de contrariétés où le monde entier semble somnoler.

La personnalité du Lapin

QUALITÉS: Remarquable douceur, excellent contrôle de ses émotions, grâce naturelle, caractère joyeux, réflexion, réserve, tendresse, courtoisie, clairvoyance, capacité d'apporter du réconfort à autrui, agréable communicateur, diplomate et capacité d'écoute d'une rare qualité.

DÉFAUTS: Manque de confiance en soi, humeur changeante, légèrement hyponcondriaque, inconstant, indécis, timidité excessive, repli sur soi quand tout ne va pas comme il le voudrait, un peu peureux.

Doux, délicat, modeste, sociable et d'agréable compagnie, le Lapin a horreur des conflits, des disputes et de la violence. Toujours poli et courtois envers les autres, il exige qu'on le soit également envers lui.

Fier et orgueilleux, raffiné et élégant, c'est un individu intelligent, perspicace et doté d'une remarquable intuition. Le Lapin est, de tous les emblèmes chinois, le plus charitable qui soit quand il s'agit de venir en aide aux autres. Comme il a une grande capacité d'écoute et qu'il sait être compatissant, nombreux sont ceux qui se confient à lui. Ses avis et recommandations sont respectés, car il semble bien que le Lapin ait hérité de ses ancêtres d'un merveilleux don de clairvoyance. Il semble voir à travers les êtres et les choses grâce à ses antennes qui lui servent à deviner les motivations et la personnalité réelle des gens.

Sur le plan professionnel, le Lapin, ni très courageux ni très persévérant, caresse des ambitions modestes. Il réussira cependant là où ses dons de diplomate pourront être utilisés. En outre, il est efficace, appliqué, doté d'une grande capacité de concentration et il est capable, si nécessaire, de supporter sans sourciller une grande pression.

Sur le plan personnel, il aime le confort par-dessus tout. Il a besoin d'intimité, de sécurité (financière et affective) et désire également préserver sa vie privée.

Avec ses amis, il est d'une tendre gentillesse et il adore faire la fête. Mais attention! Le Lapin n'est pas toujours doux et docile. Il est également capable d'être dur, désobligeant et très impoli quand on le pousse à bout. Mais comme il exerce un excellent contrôle sur ses émotions, force nous est d'avouer qu'il est bien difficile de faire sortir un Lapin de ses gonds.

Son plus grand défaut réside dans son humeur capricieuse. En effet, ses fluctuations d'humeur sont imprévisibles et très surprenantes et n'ont, la plupart du temps, aucune cause apparente.

Par ailleurs, le Lapin doit éviter de sombrer dans l'introversion et la déprime dès que les choses se présentent mal. Il doit, de plus, travailler à augmenter sa confiance en soi dont l'insuffisance constitue son plus grand handicap. Puis, peut-être pourrait-il aussi cesser de s'inventer mille malaises et maladies pour attirer l'attention!

Les cinq grands types de Lapin

Le Lapin de métal (1891, 1951, 2011)

De tous les Lapin, c'est sans aucun doute le Lapin de métal qui est le plus ambitieux, le plus agressif et le plus solide tant sur les plans physique que psychique.

Réaliste, il ne caresse que des ambitions approuvées par sa logique et son intelligence. À la fois pratique et rêveur, terre à terre et artiste, il est, sur le plan professionnel, digne de confiance et responsable.

Le Lapin de métal camoufle son manque de confiance en soi derrière le masque de celui qui sait tout et qui connaît tout. Il donne vraiment l'impression de détenir la vérité infuse et, à dire vrai, il possède un excellent jugement. En fait, pour prendre ses décisions, il ne se fie qu'à ses observations, qu'à son pouvoir de déduction, qu'à son seul jugement. Avec lui, impossible de faire des compromis. Cependant, derrière cette épaisse armure se dissimule une personne qui se croit forcée d'être méfiante envers tout le monde, car elle souffre d'un sentiment d'insécurité très aigu.

Par ailleurs, le Lapin de métal ne semble guère se soucier de l'opinion publique. Il n'a pas besoin d'être approuvé par la majorité pour faire ce qu'il a envie de faire.

Sur le plan professionnel, il assume admirablement bien ses responsabilités et n'attend pas toujours, pour s'activer, qu'on lui dise ce qu'il doit faire. Peu importe son domaine de prédilection, il y fera sa marque grâce, entre autres, à son sens de l'initiative et à son discernement.

Amateur de belles choses, romantique, sensuel mais sexuellement réservé, il sait profiter des bons moments que lui offre la vie.

Le Lapin d'eau (1903, 1963, 2023)

Hypersensible, émotivement fragile, le Lapin d'eau est incapable de tolérer la suspicion à son égard ni aucune limite à sa liberté. Sa principale préoccupation semble être de fuir tout ce qui ressemble à des conflits, à des affrontements, à de la dissension. Il n'accepte rien qui comporte un caractère désagréable ou contrariant.

Le Lapin d'eau est le plus empathique et le plus compatissant de tous les Lapin. Il est doté d'une fameuse intuition et d'un remarquable pouvoir psychique. Il attire à lui les foules comme un aimant attire le fer. Il possède un véritable don pour communiquer ses idées et persuader un auditoire, car il y met toute l'émotion nécessaire.

Cependant, si, en certaines occasions, cette émotivité lui est favorable, en d'autres, elle lui nuit en le rendant très subjectif et en dénaturant sa vision des choses ainsi que son jugement. Car le Lapin d'eau a tendance, quand ça va mal, à voir la vie à travers une hyperémotivité qui altère et corrompt la réalité.

Hésitant et toujours plein de doutes, il a souvent beaucoup de mal à prendre ses décisions. Il choisit alors fréquemment de s'en remettre au hasard ou il laisse les autres décider à sa place.

Il aura besoin, sur le plan affectif, d'un partenaire fort et solide sur qui il pourra s'appuyer en toute confiance.

En outre, il doit apprendre à dire non, sans quoi il risque de tomber malade. Quand les choses vont mal, ce Lapin doit éviter de se replier sur lui-même et apprendre que l'apitoiement sur soi-même n'a jamais rien réglé.

Le Lapin de bois (1915, 1975, 2035)

Sociable, affable, poli et liant sur le plan social, le Lapin de bois est un être de *gang*. Quand il s'en donne la peine, il est capable de s'intégrer à n'importe quel groupe.

Tout comme ses congénères, il déteste les chamailleries et fuit les problèmes. À cet égard, il ne sera jamais un patron efficace car, pour éviter les conflits et maintenir un statu quo, si précaire soit-il, il préfère fermer les yeux sur les erreurs et les impairs commis par les autres plutôt que de se battre pour y mettre fin. Les individus qui évoluent dans son entourage, encouragés par cette attitude permissive, n'hésitent pas, bien entendu, à en prendre avantage.

Plutôt ambitieux, le Lapin de bois choisit souvent une carrière qui lui permet de travailler en équipe. Non pas que cela lui plaise particulièrement, mais parce qu'il lui donne ce sentiment de sécurité, de confiance et de solidarité dont il a tant besoin.

Par ailleurs, le Lapin, empathique, sympathique, généreux et altruiste aime bien se battre pour une grande cause. S'il en épouse une, il fera tout ce qui est en son pouvoir pour remporter une victoire. Quant à sa vie professionnelle, il gravira, un à un, les échelons du succès, jusqu'à la victoire finale, avec persévérance et acharnement.

Quand il se sent trompé ou quand il a la détestable impression qu'on abuse de sa bonté et de sa nature généreuse, le Lapin de bois, sage et avisé, ne se fâche pas mais, pour se protéger, il n'hésite pas à se retirer et à s'isoler.

Le Lapin de feu (1927, 1987, 2047)

Le Lapin de feu a un talent inné d'orateur. Comme il s'exprime très bien et qu'il sait, en tout temps, invoquer les arguments qu'il faut pour convaincre, il n'a jamais aucun mal à rallier les gens à ses idées.

Naturel, sociable, toujours populaire, démonstratif, amoureux du plaisir, épicurien, un peu libertin, le Lapin de feu n'a, en outre, aucune difficulté à exprimer ses émotions, ses envies et ses désirs.

Doté d'une remarquable intuition et d'une grande puissance psychique, ce Lapin, plus que les autres, en position de commandement, arrivera à établir certaines règles pour lesquelles il saura exiger le respect.

Comme tous ses semblables, il déteste les confrontations et les conflits. Cependant, plutôt que de fuir comme le feraient ses congénères, il cherchera un terrain d'entente, quitte à faire les compromis qui s'imposent.

Sage et doté d'une grande intuition, le Lapin de feu est très sensible aux moindres variations d'atmosphère. Avec une facilité déconcertante, il perçoit, chez autrui, la moindre trace de peine, de douleur et d'angoisse.

Malheureusement, pour être capable d'agir, il a toujours besoin d'être approuvé par les membres de son entourage et soutenu sans condition.

En outre, quand tout ne va pas comme il le voudrait, il sombre dans la dépression et la névrose. Heureusement, son grand sens de l'humour l'aide à retomber rapidement sur ses pattes.

Le Lapin de terre (1939, 1989, 2059)

Calculateur, méthodique, responsable, sérieux, ferme et constant, le Lapin de terre est un être équilibré, rationnel et objectif qui aura toujours la faveur de ses employeurs quant à sa façon d'aborder les choses, de planifier un projet, de fixer des buts et des objectifs.

Le Lapin de terre ne prend jamais de décisions irréfléchies et ne laisse pas les émotions décider à sa place. Chez lui, c'est la raison, et non pas la passion, qui domine. Certaines personnes lui reprochent même ces interminables délibérations qu'il a avec lui-même avant de faire le moindre geste. Mais il n'en a cure, car il ne se soucie aucunement de l'opinion des autres. En fait, il n'obéit qu'à son propre code moral. Matérialiste, il a fait sienne cette maxime qui dit que *Charité bien ordonnée commence par soi-même*. Particulièrement en affaires, il peut devenir très froid, retors, voire cynique, face à ses adversaires.

Introverti de nature, le Lapin de terre a tendance à se replier sur lui-même quand il se sent dépassé par les événements, mais sans sombrer dans la neurasthénie. Il s'isole plutôt pour réfléchir à ses problèmes et envisager, avant de faire quelque geste que ce soit, toutes les solutions possibles. Il choisit toujours très intelligemment la ressource la plus appropriée.

Les ascendants du Lapin

- Si vous êtes né entre 23 h et 1 h, votre ascendant est le Rat.

Dans cette combinaison, le Rat donne au Lapin, naturellement affectueux, amical et sociable, le goût de la compétition, l'envie de bouger, de se dépasser. Cependant, le Lapin ascendant Rat demeure un individu un peu hésitant, particulièrement sur les plans sentimental et professionnel.

- Si vous êtes né entre 1 h et 3 h, votre ascendant est le Bœuf.

La remarquable fusion de la délicatesse du Lapin et de la détermination du Bœuf engendre un individu équilibré et en pleine possession de ses moyens. Mais le Lapin, malgré l'influence de ce bovin, ne perdra jamais complètement son petit côté indolent.

- Si vous êtes né entre 3 h et 5 h, votre ascendant est le Tigre.

La nonchalance naturelle du Lapin est stimulée, ici, par la passion, la fougue et l'esprit d'aventure du Tigre rugissant. Le joyeux Lapin qui en résulte aime prendre des risques bien que ceux-ci soient beaucoup plus mesurés que ceux que prend le véritable Tigre.

- Si vous êtes né entre 5 h et 7 h, votre ascendant est le Lapin.

Pour le Lapin ascendant Lapin, la vie se résume à la recherche incessante, à la quête de l'illumination spirituelle. Il aime le calme, la paix, la tranquillité; il est sage, patient, prend la vie avec philosophie et met en pratique le proverbe *Rien ne sert de courir, il faut partir à point.*

- Si vous êtes né entre 7 h et 9 h, votre ascendant est le Dragon.

Le Lapin ascendant Dragon symbolise l'équilibre des forces physiques et psychiques, l'harmonie entre le yin et le yang. Le Lapin, grâce à la puissance d'action du Dragon, devient plus sûr de lui, acquiert des convictions plus fermes et un peu plus d'ambition.

- Si vous êtes né entre 9 h et 11 h, votre ascendant est le Serpent.

Le Lapin ascendant Serpent est un être indépendant qui n'a rien à faire de l'opinion et du jugement des autres. Intuitif, un peu oisif et, occasionnellement, carrément paresseux, il aime profiter de la vie à laquelle il goûte de tous ses sens. Son humeur capricieuse, constamment changeante, le rend difficile à comprendre pour son entourage.

- Si vous êtes né entre 11 h et 13 h, votre ascendant est le Cheval.

Une belle alliance que celle de ces deux emblèmes au fort instinct! Le Lapin, grâce au Cheval, gagne de la confiance en soi et perd un peu de sa fragilité émotionnelle.

C'est un Lapin rieur qui a le goût de l'aventure et une impérieuse envie de liberté et d'horizons nouveaux.

- Si vous êtes né entre 13 h et 15 h, votre ascendant est la Chèvre.

Le Lapin ascendant Chèvre est un être tendre, doux, très émotif, empathique, compatissant et entièrement dévoué aux autres. Il va son chemin sans jamais tenter de rivaliser avec qui que ce soit. C'est un artiste dans l'âme, un être qui aime aimer et dépenser!

- Si vous êtes né entre 15 h et 17 h, votre ascendant est le Singe.

Le Lapin ascendant Singe sait que, s'il est important de faire plaisir aux autres, il faut également se faire plaisir à soi. Cet équilibre, il le maintient aussi entre ses besoins matériels et ses besoins spirituels. Un être intelligent et créatif, mais malin comme un Singe.

- Si vous êtes né entre 17 h et 19 h, votre ascendant est le Coq.

La sensibilité du Lapin, alliée aux dons d'orateur du Coq, engendre un individu qui sait s'exprimer avec tellement d'émotion et d'emphase qu'il arrive à captiver n'importe quel auditoire. Épris de justice, il s'engage dans des causes qui lui tiennent à cœur.

- Si vous êtes né entre 19 h et 21 h, votre ascendant est le Chien.

Le Lapin ascendant Chien est réaliste et bon, et est sans doute un des êtres les plus doués pour l'amitié. Plein de dévotion, de compassion et d'amour de son prochain, c'est sans hésiter qu'il se lance, chaque fois que cela lui est possible, à la défense des personnes opprimées.

- Si vous êtes né entre 21 h et 23 h, votre ascendant est le Cochon.

Philanthrope, intelligent, bon et généreux, le Lapin ascendant Cochon avance lentement mais constamment. Paix, harmonie, équilibre: tel est son credo. Toujours disposé à courir au secours des autres, il doit apprendre à penser aussi un peu à lui.

Le Lapin à travers les années

L'année du Rat (1996, 2008)

Une bonne année, quoique plutôt calme. En fait, il ne s'y passera rien de majeur, ni de positif ni de négatif. Par ailleurs, si les gains ne sont pas aussi importants qu'on aimerait, ils seront tout de même suffisants pour procurer un train de vie décent. Pour pouvoir continuer son ascension professionnelle, le Lapin ne devra prendre que des risques calculés.

L'année du Bœuf (1997, 2009)

Une année qui ne s'annonce pas vraiment bonne. Une certaine anxiété, causée par des problèmes financiers, aura un impact négatif sur la santé. Il y a risque de maladies. Tout cela augmente la tension sur le plan familial, car la perte d'autonomie entraîne une gêne financière qui, à son tour, occasionne des conflits conjugaux. Armez-vous de courage et de patience!

L'année du Tigre (1998, 2010)

Le pire est sans doute passé, mais certains mauvais souvenirs de l'année précédente subsistent. Le Lapin éprouvera très certainement l'envie de repartir en grand, ce qui provoquera de nouveaux conflits. Il doit refaire tranquillement son chemin sans viser trop haut. Un revirement, positif, de fortune est prévu en fin d'année.

L'année du Lapin (1999, 2011)

Enfin, une année plus calme, plus sereine où il est permis de respirer plus librement, de se détendre et de prendre le temps de savourer la vie! Les conflits disparaissent en même temps que se stabilisent les finances. La santé revient, l'angoisse s'éloigne et une promotion se dessine sur le plan professionnel.

L'année du Dragon (2000, 2012)

En cette année du Dragon, le Lapin devra apprendre le sens véritable du mot «sagesse». Il y a moins de travail en perspective; puisque les finances se portent bien, le Lapin doit en profiter pour fortifier, pour nourrir et pour entretenir tout ce qui concerne le domaine conjugal et familial qu'il a un peu négligé, ces dernières années, en raison de ses occupations professionnelles.

L'année du Serpent (2001, 2013)

Les occupations sont nombreuses, les occasions professionnelles, alléchantes et il y a même une possibilité de déménagement ou de voyages d'affaires à l'étranger. Cela apportera des changements positifs dès que se seront estompées les premières difficultés d'adaptation. Possibilité aussi d'une nouvelle relation amoureuse.

L'année du Cheval (2002, 2014)

De nombreuses rencontres sont prévues à l'agenda du destin. Elles auront un effet positif sur tous les plans d'existence du Lapin. Il recevra de l'aide imprévue, ce qui lui permettra d'obtenir un avancement professionnel. Il y a, encore cette année, des possibilités de voyages. La santé sera excellente et l'année, bonne en général.

L'année de la Chèvre (2003, 2015)

La récolte, pour le Lapin, est excellente en cette année de la Chèvre. Peu à peu, les choses se mettent en place et le Lapin transforme en or tout ce qu'il touche. Sa grande confiance en soi le rend très populaire. En cette année bénéfique, la famille sera une grande source de réconfort pour le Lapin qui y puisera toute l'énergie nécessaire pour aller de l'avant.

L'année du Singe (2004, 2016)

Toujours sur son erre d'aller de l'année précédente, le Lapin doit, en cette année du Singe, mettre la pédale douce à ses ambitions. Il doit éviter, en outre, d'entretenir des rêves utopiques et des espoirs insensés. Il y a quelques petits problèmes de santé mais tout à fait mineurs. Il faut, par ailleurs, éviter les dépenses inutiles et futiles.

L'année du Coq (2005, 2017)

L'année du Coq sera la source de nombreuses frustrations pour le Lapin. Les années précédentes ont été bonnes, mais toute bonne chose a une fin! Cette année, plusieurs problèmes, plus ou moins importants et provenant de sources multiples, viennent assombrir sa vie. Il doit les régler tous, un à un. Cependant, la bonne entente familiale est protégée.

L'année du Chien (2006, 2018)

Le calme après la tempête! L'année du Chien sera une année douce et sans véritables problèmes pour le Lapin, sauf peut-être quelques conflits sur le plan professionnel. Les avis de ses supérieurs hiérarchiques sont partagés: certains sont insatisfaits de lui, alors que d'autres louangent son esprit d'innovation. Quelques bonnes discussions, et tout rentrera rapidement dans l'ordre.

L'année du Cochon (2007, 2019)

Une année faite de cent mille émotions. Il se passe, dans tous les domaines de la vie du Lapin, des événements qui le font tantôt blêmir de peur, tantôt rosir de plaisir, tantôt rougir de honte, devenir vert d'envie, gris d'ennui ou écarlate sous l'effet de la colère. Il doit s'astreindre au calme, ne pas perdre les pédales et réfléchir.

Les compatibilités

Lapin / Rat

Le Lapin et le Rat ont, l'un pour l'autre, beaucoup de respect et plusieurs intérêts communs. Bonne union sur les plans amical, amoureux ou professionnel.

Lapin / Bœuf

Ce n'est peut-être pas la relation idéale, mais il n'existe pas de conflits majeurs. Possibilité d'union à long terme à condition que chacun y mette du sien.

Lapin / Tigre

Aucune confiance ni compréhension entre le Lapin et le Tigre. Que de la méfiance, de l'opposition et des conflits!

Lapin / Lapin

Délicieuse et très belle relation entre ces deux êtres qui ne s'opposeront jamais dans une lutte de pouvoir. Belle entente et communication parfaite.

Lapin / Dragon

Plusieurs champs d'intérêt communs, mais des personnalités qui ne sont pas toujours en accord. Chacun doit mettre de l'eau dans son vin.

Lapin / Serpent

Relation meilleure sur le plan professionnel qu'amoureux. Ces deux natifs sont capables de travailler ensemble pour un projet commun, mais il n'existe pas de sentiments profonds entre eux.

Lapin / Cheval

Relation impossible. Divergences d'opinions, champs d'intérêt contraires, animosité et affrontements perpétuels. Le Lapin et le Cheval n'ont rien en commun.

Lapin / Chèvre

La relation idéale! Le Lapin et la Chèvre voient la vie de la même manière et ils sont capables de s'entendre et de se comprendre. Entre eux, respect et amour.

Lapin / Singe

Une relation seulement moyenne à cause d'une rivalité naturelle qui existe entre eux. Ils ne se feront jamais tout à fait confiance.

Lapin / Coq

Grande divergence d'opinions et relations plutôt glaciales. Luttes constantes et conflits nombreux. À éviter.

Lapin / Chien

Une très belle relation, très valorisante et enrichissante, de part et d'autre. Le Lapin et le Chien sont faits pour s'entendre et pour vivre heureux ensemble.

Lapin / Cochon

Deux êtres vraiment compatibles qui pourront allier les relations de travail et celles de cœur. Respect mutuel et nombreux champs d'intérêt communs.

LE DRAGON

Nom chinois: LONG
Ordre parmi les signes: 5e
Polarité: +
Élément invariable: Bois
Signe zodiacal correspondant: Bélier
Mois: Avril
Saison: Printemps
Direction: Est-sud-est
Heures où l'influence du Dragon prédomine: 7 h à 9 h

Les années du Dragon

Début du cycle	Fin du cycle	Élément
16 février 1904*	3 février 1905**	Bois
3 février 1916	22 janvier 1917	Feu
23 janvier 1928	9 février 1929	Terre
8 février 1940	26 janvier 1941	Métal
27 janvier 1952	13 février 1953	Eau
13 février 1964	1er février 1965	Bois
31 janvier 1976	17 février 1977	Feu
17 février 1988	5 février 1989	Terre
5 février 2000	23 janvier 2001	Métal

* Si vous êtes né le 15 février 1904, votre emblème est le Lapin.

** Si vous êtes né le 4 février 1905, votre emblème est le Serpent.

L'année du Dragon

Dès le départ, l'année du Dragon met fin au calme et à la tranquillité de cette douce période qu'était l'année du Lapin. En réalité, l'harmonie continue de régner, mais l'énergie est utilisée différemment car l'année du Dragon est celle où il y a de l'action, où la nature se manifeste violemment sous forme d'ouragans, d'éruptions volcaniques, de catastrophes nucléaires, d'inondations, etc.

Durant l'année du Dragon, les choses prennent une allure nouvelle, les événements sont considérés sous un angle différent et les êtres vibrent d'une énergie aussi intense qu'inhabituelle. Tout est amplifié, les bonnes nouvelles comme les mauvaises, les belles aventures comme les plus exécrables.

Au cours de cette année, il y aura de grandes et lucratives affaires à réaliser pour ceux qui s'en donneront la peine. En outre, il est même permis de prendre, côté professionnel, certains risques.

Sur le plan affectif, il y a possibilité de mariage ou d'union durable, car les liens qui se tisseront seront profonds et sincères.

On pourrait finalement définir cette année comme étant une période chargée d'électricité, chacun étant libre de l'utiliser positivement ou négativement.

La personnalité du Dragon

QUALITÉS: Générosité, perceptions extrasensorielles, originalité, sincérité, sentiments passionnés et intenses, incroyable magnétisme, belle émotivité, équilibre entre la matérialité et la spiritualité.

DÉFAUTS: Un peu de paresse, autoritarisme, désir de domination, mépris, infidélité, entêtement extrême, manque de tact, jalousie.

Pour les Chinois, le Dragon est beaucoup plus qu'un simple animal mythique et légendaire. Il symbolise la force, l'énergie, tout ce qui est mystérieux, mystique, divin et immatériel. En outre, le Dragon, sage, puissant et presque magique, est réputé apporter la chance.

C'est sans doute l'être le plus secourable de tout l'horoscope chinois. C'est celui qui allie, dans la plus grande harmonie et dans le plus bel équilibre, les forces physiques et les forces mentales. Très à l'aise tant sur le plan matériel que sur le plan spirituel, il est doté d'une énergie exceptionnelle, hautement vibratoire, presque électrique et d'une intuition qui fait de lui le candidat idéal dans le développement des perceptions extrasensorielles et un spécialiste des sciences occultes.

À certains moments, dans sa manière de foncer, de défoncer et d'avancer malgré tous les obstacles, le Dragon pourrait être comparé à un char d'assaut.

Passionné, orgueilleux, impétueux, dominateur, il est, sur le plan professionnel, détestablement hautain, snob et méprisant. Et comme il n'accepte pas la défaite, qui constitue un grave outrage à son puissant orgueil, il vaut mieux, pour éviter ses coups de griffe et pour avoir la paix, le laisser gagner plus souvent qu'autrement.

Sur le plan personnel, cependant, c'est un contemplatif, un méditatif qui s'épanouit dans son contact avec la nature. Doté d'une foi inébranlable, il est constamment en quête de la vérité et cherche sans cesse à donner un sens à la vie. Intelligent, réfléchi, sûr de lui, responsable, original, il ne s'encombre jamais de détails inutiles.

D'un remarquable magnétisme, il sait, quand il le faut, se montrer persuasif et convaincant tout en restant parfaitement honnête. Par ailleurs, le Dragon possède aussi une âme de missionnaire dans son impétueux désir de défendre de grandes et nobles causes.

Sur le plan amoureux, c'est un infidèle invétéré. Il est égocentrique, frivole et jaloux, mais aussi passionné, sensuel, tendre, généreux et intense. La célèbre phrase *Faites ce que je dis, mais ne faites pas ce que je fais* lui va comme un gant, car, s'il se permet des libertés sur le plan sexuel, il en va tout autrement dans ce qu'il permet à son partenaire.

Quand tout n'est pas au goût du Dragon, il devient rasant, ennuyeux, autoritaire, snob, dédaigneux, distant et fantasque.

Le Dragon est un être difficile à comprendre avec un certain petit côté mystérieux et secret impossible à percer ou à déchiffrer. Mais il est tellement attachant qu'on voudrait tous en avoir un dans son entourage.

Les cinq grands types de Dragon

Le Dragon de métal (1880, 1940, 2000)

Le Dragon de métal est doté d'une détermination féroce. N'essayez surtout pas de vous mettre en travers de son chemin quand il décide de passer, car il vous aplatirait comme une galette. Non pas qu'il soit méchant, mais il refuse de se laisser intimider. C'est un guerrier, un combattant naturel qui a la résistance du métal et du bois, ses deux principaux éléments. Cependant, devant les plus faibles et les plus démunis que lui, le Dragon devient un tendre petit cœur de Lapin.

Le Dragon de métal est combatif, intense dans ses convictions, passionné, entêté et il est extrêmement strict, rigide et intransigeant quant au respect de son code moral. Gare à quiconque tente de le transgresser, car le Dragon pourrait entrer dans une rage folle.

Il ne connaît pas le sens du mot «limite»; il n'en a aucune et il est bien résolu à atteindre tous les objectifs qu'il se fixe. Intelligent, extraverti, franc, direct et vertueux, il frémit d'horreur devant l'ignorance crasse et il n'a aucune patience pour les gens bêtes et stupides.

Son cercle d'amis est constitué de gens qui sont prêts, en tout temps, à lui être agréables et à ne jamais renier son leadership. Par ailleurs, quand il s'engage dans une aventure, dès lors qu'il accepte d'y participer et de s'y investir, c'est sans retour. Il ne revient jamais sur sa parole.

Le Dragon d'eau (1892, 1952, 2012)

Le Dragon d'eau, plus pondéré que ses congénères, plus réfléchi, plus réservé aussi, vise davantage la croissance personnelle et professionnelle plutôt que l'acquisition de pouvoir.

Plus patient, plus tolérant, moins égocentrique et moins entêté que les autres Dragon, il agit généralement avec beaucoup de perspicacité et se sert davantage de son intelligence que de sa force.

Dès qu'il s'est fixé des buts, il entame sa route sans jamais gaspiller son énergie avec ceux qui cherchent à s'opposer à lui. À ses yeux, les affrontements et les actes de vengeance sont des pertes de temps.

Grâce à son ouverture d'esprit et à sa patience, le Dragon d'eau est capable d'attendre sans trépigner le moment propice pour agir. Adepte du vivre et laisser vivre, c'est un libre-penseur qui trimbale dans la vie sa délicieuse philosophie de la vie.

Excellent négociateur, convaincant, il possède l'art délicat de la persuasion et arrive presque toujours à rallier à ses idées les gens dont il a besoin pour réussir.

Sérieux, dévoué, digne de confiance, il accepte chacune de ses défaites comme une leçon de vie. Il met ses échecs sur le compte de l'expérience et, au besoin, il s'y réfère pour éviter de commettre les mêmes erreurs une autre fois.

Un manque de réalisme, de l'hyperoptimisme et, parfois, de la démesure dans ses ambitions: voilà ce qu'on peut reprocher à un Dragon d'eau.

Le Dragon de bois (1904, 1964, 2024)

Fier, orgueilleux, audacieux, le Dragon de bois est un être sans peur, perpétuellement à la recherche de nouveaux défis à relever. C'est particulièrement dans l'exploration de la nature et l'analyse des causes et effets de toutes choses qu'il poursuit son incessante quête de la vérité.

Organisateur hors pair, il est de ceux qui passent directement de l'idée à l'action. Avec le Dragon de bois, logique, vif d'esprit et épris d'aventures, il n'y a pas de place pour les tergiversations et les hésitations; avec lui, il faut battre le fer pendant qu'il est chaud.

Sur le plan personnel, bien qu'il se montre quelquefois un peu trop condescendant, il sait généralement être noble et magnanime. Généreux, il fait toujours tout ce qui est en son pouvoir pour ne pas blesser les gens.

Sur le plan professionnel, c'est un innovateur et un avant-gardiste doublé d'un ultra-perfectionniste. Il est moyennement doué pour le travail d'équipe, car il a besoin d'avoir toujours raison; à cet égard, il est capable des plus âpres discussions et des débats interminables pour avoir gain de cause. Si, à l'occasion, il daigne faire quelques concessions, dites-vous bien que c'est parce qu'il sait qu'au bout du compte, il pourra en tirer un avantage personnel.

Son principal défaut est, incontestablement, sa fâcheuse tendance à se regarder un peu trop intensément le nombril!

Le Dragon de feu (1916, 1976, 2036)

Philanthrope à ses heures, énergique, compétitif et perpétuellement à la recherche de la perfection (des choses et des gens), le Dragon de feu attend énormément des membres de son entourage, mais il donne tout autant qu'il exige. Il demande, en outre, d'être traité avec considération et respect.

Autoritaire et agressif, il intimide souvent les gens, allant jusqu'à les faire fuir, effarouchés et le cœur en émoi. Leader-né, il est extraverti, terriblement ambitieux, un peu dictateur et constamment pressé.

Sur le plan personnel, le Dragon de feu est un être bienveillant, objectif, impartial, communicatif et sincère même si, à l'occasion, on peut lui reprocher d'être un peu trop direct dans ses paroles. Comme les autres Dragon, il recherche la vérité mais, en outre, il veut atteindre rien de moins que la perfection.

Sur le plan professionnel, il travaille avec zèle et diligence, et est capable d'assumer de très grandes responsabilités. Doté d'un remarquable leadership, il exerce une sorte d'attraction sur les foules. Et cela lui plaît énormément, lui qui aimerait bien qu'on le proclame demi-dieu! En réalité, il est souvent vu comme une sorte d'idole et une source d'inspiration pour ceux qui veulent réussir.

Quand tout ne va pas à son goût, ce Dragon a tendance à sauter trop rapidement aux conclusions et à mettre tout le monde dans le même panier.

Le Dragon de terre (1868, 1928, 1988)

De tous les Dragon, le Dragon de terre est celui qui exerce le plus grand contrôle sur ses émotions. Plus sobre que ses congénères, il est capable de faire preuve d'une grande impassibilité et d'un remarquable stoïcisme.

Patient, solide, réfléchi, calme et courageux, il caresse de nobles ambitions mais il sait, cependant, demeurer réaliste. Toute sa vie durant, il travaillera à tenter de développer au maximum ses talents, ses compétences et son potentiel. À cet égard, il saura être toujours à l'écoute des autres et analyser avec objectivité et intérêt leurs expériences afin d'en tirer avantage.

Un peu froid et distant, il subjugue malgré tout. Sur le plan professionnel, c'est un excellent organisateur et négociateur qui sait faire preuve de tact et de diplomatie dans les situations délicates.

Bien qu'il ait tendance à vouloir tout diriger et contrôler dans son environnement, il le fait toujours avec justice et équité, sans jamais se rendre coupable d'abus de pouvoir.

Dans l'adversité, le Dragon de terre, qui a d'ordinaire une approche logique et judicieuse des événements, devient irrationnel et confus. En outre, il a tendance à devenir tyrannique et autocrate.

Les ascendants du Dragon

- Si vous êtes né entre 23 h et 1 h, votre ascendant est le Rat.

Un bel équilibre. Le Rat donne au Dragon, toujours pressé, un peu de sa patience mais, surtout, de sa persévérance. Ce Dragon accomplira de très grandes choses au cours de sa vie; il fera certainement fortune s'il arrive à acquérir la discipline nécessaire.

- Si vous êtes né entre 1 h et 3 h, votre ascendant est le Bœuf.

Un Dragon compétent, travaillant qui va toujours au bout de ses entreprises. Un Dragon moins impétueux que certains autres, mais tout autant, sinon plus, efficace. Son instinct et son intuition, très développés, sont ses deux plus grands atouts.

- Si vous êtes né entre 3 h et 5 h, votre ascendant est le Tigre.

Un être hyperémotif, fort, énergique, puissant qui doit apprendre à devenir maître de ses émotions sans quoi celles-ci le mèneront à sa perte. Il doit freiner ses ambitions et tenter d'être plus réaliste dans ses objectifs. Aventurier, casse-cou, parfois un peu trop agressif.

- Si vous êtes né entre 5 h et 7 h, votre ascendant est le Lapin.

Cet individu, qui allie la force du Dragon et la douceur du Lapin, engendre un être équilibré, réfléchi et subtil; sa vie sera harmonieuse et sa demeure, confortable et réconfortante. Attention toutefois à la nonchalance qui frise parfois la paresse.

- Si vous êtes né entre 7 h et 9 h, votre ascendant est le Dragon.

Un gagnant, un leader, un chef, un être tout désigné pour être à la tête des plus grandes causes de l'humanité. Un être de cœur et de tête, sévère mais juste, tolérant sans être trop libéral, généreux, altruiste et compatissant. Le Dragon ascendant Dragon est une personne authentique.

- Si vous êtes né entre 9 h et 11 h, votre ascendant est le Serpent.

Le Dragon ascendant Serpent est ambitieux, intelligent et toujours très compétent sur le plan professionnel. L'énergie inépuisable du Dragon et la sagesse légendaire du Serpent font de cet individu un être qui n'agit pas sur des coups de tête, mais qui réfléchit avant de se lancer dans une aventure.

- Si vous êtes né entre 11 h et 13 h, votre ascendant est le Cheval.

Le Dragon ascendant Cheval est un être entier, fougueux, épris de liberté, indépendant, qui agit souvent sur des coups de tête, mais qui est aussi capable d'abattre un travail considérable. Passionné et intense, ce Dragon est indomptable et sauvage, mais extrêmement attachant.

- Si vous êtes né entre 13 h et 15 h, votre ascendant est la Chèvre.

Un Dragon d'apparence et de nature plus calmes que ses congénères. Il est aussi plus doux, plus sensible aux besoins et aux désirs des autres et plus perfectionniste. Le Dragon ascendant Chèvre termine toujours ce qu'il entreprend et accorde une attention particulière aux détails.

- Si vous êtes né entre 15 h et 17 h, votre ascendant est le Singe.

Un Dragon plein d'astuces qui dissimule son caractère redoutable derrière un sens de l'humour parfois caustique. Tandis que le Dragon envisage une situation dans son ensemble, le Singe, lui, l'examine dans les détails et sous toutes ses coutures. Un joyeux tandem!

- Si vous êtes né entre 17 h et 19 h, votre ascendant est le Coq.

Le Dragon ascendant Coq, c'est l'heureux mariage de l'être d'action et du planificateur. Le Coq calcule; le Dragon agit. En outre, ce dernier, qui possède une grande imagination créatrice, ne manque pas d'estime de soi.

- Si vous êtes né entre 19 h et 21 h, votre ascendant est le Chien.

Le Dragon ascendant Chien est un être sociable et pratique qui possède un grand sens de l'humour. À l'aise dans n'importe quelle situation, il est fier, ambitieux, terre à terre et sage; il jouit d'une grande confiance en soi. Un être doué pour l'amitié.

- Si vous êtes né entre 21 h et 23 h, votre ascendant est le Cochon.

Doux et chaleureux, le Dragon ascendant Cochon est doté d'une remarquable énergie qui lui permet d'entreprendre des projets de grande envergure. Sympathique, tolérant et compatissant, c'est un ami précieux sur qui on peut compter dans les heures les plus sombres.

Le Dragon à travers les années

L'année du Rat (1996, 2008)

Sur le plan financier, l'année sera bonne si le Dragon évite de caresser des ambitions démesurées. S'il sait rester réaliste, les rentrées d'argent seront très bonnes et il pourra s'ouvrir un compte d'épargne sans avoir à se priver pour autant. Sur les plans familial et amoureux, il y a quelques déceptions et accrochages, mais rien de trop sérieux ni d'irréparable.

L'année du Bœuf (1997, 2009)

Même si l'ambiance générale de cette année semble être plutôt terne et la vie des gens peuplée de mauvaises aventures, le Dragon, lui, semble être épargné. Un peu indifférent à l'agitation qui règne autour de lui, il contemple la vie d'un œil légèrement amusé. Mais il devrait tout de même voir à ses affaires, car son indifférence risque de lui coûter cher.

L'année du Tigre (1998, 2010)

Un vent de folie et d'effervescence souffle, en cette année du Tigre, sur la vie du Dragon qui souffre un peu d'angoisse devant la non-réalisation de ses plans et de ses projets. Sur le plan professionnel, les discussions sont aigres et quelquefois acrimonieuses, mais le Dragon est fort et puissant, et nul doute qu'il réussira tout ce qu'il décidera d'entreprendre.

L'année du Lapin (1999, 2011)

Une année généralement calme pour le Dragon, qui en profite pour polir et pour parfaire sa relation amoureuse. C'est dans le confort douillet de son foyer qu'il trouvera, cette année, tout le réconfort dont il a besoin. Il se sentira bien également dans la paix et la quiétude de la nature, car c'est dans le ciel et la terre qu'il puise son énergie.

L'année du Dragon (2000, 2012)

Une année où le Dragon crache du feu. Une année très bénéfique sur le plan financier. Les réussites professionnelles se multiplient, et l'essor économique est fulgurant. En outre, le Dragon fait de nombreuses rencontres sur le plan social; l'une d'elles pourrait très bien se transformer en relation amoureuse durable.

L'année du Serpent (2001, 2013)

Une année fructueuse, particulièrement sur le plan professionnel. Beaucoup d'occasions se présentent, et le Dragon n'hésite pas à les saisir au vol. Cependant, cette fébrilité au travail lui laisse bien peu de temps pour la vie sociale et plus beaucoup d'énergie pour l'amour. Il doit rétablir un certain équilibre.

L'année du Cheval (2002, 2014)

Une année en dents de scie. Le Dragon doit apprendre à tout prix à relativiser les événements et les problèmes, et à ne leur accorder que l'importance qu'ils méritent. Il doit également mettre un peu de côté son sérieux, voir à lâcher son fou et acquérir le sens de l'humour. Le secret pour rendre cette année agréable est de rester pacifique.

L'année de la Chèvre (2003, 2015)

Enfin, une année faite d'un peu plus de repos et de relaxation! Tout va relativement bien. Le Dragon apprend à composer avec les délais et n'exige pas que tout soit accompli sur-le-champ. Il accepte, en cette paisible année de la Chèvre, de laisser le temps suivre son cours sans vouloir toujours forcer les choses. Sur le plan amoureux, il se la coule douce!

L'année du Singe (2004, 2016)

Un excellent début d'année pour le Dragon, mais les choses se gâtent au courant de l'été. Mauvaise gestion, mauvais placements ou piètre état de santé? Le Dragon devra réviser ses priorités et accrocher un sourire à ses lèvres. Il est beaucoup trop crispé pour être capable de voir les choses telles qu'elles sont.

L'année du Coq (2005, 2017)

Une excellente année où la prospérité et la fortune seront au rendez-vous à la condition que le Dragon soit vigilant, circonspect et qu'il ne prenne pas de risques non calculés. Il y a possibilités de voyages tant sur le plan professionnel que sur le plan personnel. Le Dragon recevra d'excellentes nouvelles et se fera un grand nombre de nouveaux amis.

L'année du Chien (2006, 2018)

Cette année, le Dragon ne doit pas forcer les choses. Pour un certain temps, il devra accepter d'être un peu plus passif, moins autoritaire et moins agressif. Il y a de nombreux conflits dans les domaines amoureux et professionnel, et leurs règlements exigent que le Dragon fasse preuve de patience et de tolérance. En outre, il devra mettre son orgueil de côté.

L'année du Cochon (2007, 2019)

La santé physique et psychique est à son meilleur. En cette année du Cochon, le Dragon ne devra caresser que des ambitions réalistes et modestes. Il doit freiner un peu sa trop grande confiance en soi. Certains projets devront être différés et d'autres, carrément abandonnés. Encore des possibilités de voyages mais, cette fois, par affaires.

Les compatibilités

Dragon / Rat

Mariage possible et conseillé. Une union quasi idéale qui engendrera bonheur, prospérité et joie sur tous les plans.

Dragon / Bœuf

Une relation basée sur un grand respect mutuel. Des buts et des intérêts communs. Bonne union tant sur les plans professionnel qu'amoureux ou amical.

Dragon / Tigre

Le Dragon et le Tigre éprouvent quelques difficultés de communication, et leurs idées se heurtent souvent. À réserver pour les relations professionnelles.

Dragon / Lapin

Beaucoup de choses en commun et une bonne communication. Une relation qui a toutes les chances de réussir si chacun y met du sien pour comprendre l'autre.

Dragon / Dragon

Une belle combinaison. Les Dragon s'entendent très bien entre eux, car ils comprennent leurs besoins respectifs.

Dragon / Serpent

Probablement la meilleure alliance possible en ce qui concerne le Dragon ! Une relation où l'amour sera fort et durable.

Dragon / Cheval

Le Dragon et le Cheval ont du mal à communiquer sans se disputer. Deux êtres orgueilleux qui veulent toujours gagner. Beaucoup de discussions, mais quand même une possibilité d'être heureux.

Dragon / Chèvre

Relation moyenne et plutôt tiède. Pas d'animosité déclarée, mais pas non plus de sympathie naturelle.

Dragon / Singe

Profonde entente, sentiments sincères, sympathie et respect mutuel, compréhension et capacité de communication. Bon mariage.

Dragon / Coq

Un beau couple ! Beaucoup de chances de trouver ensemble le bonheur et la prospérité. Excellent pour tous types de relations.

Dragon / Chien

C'est la guerre ouverte entre le Dragon et le Chien. Multiplication des conflits et une méfiance mutuelle et naturelle.

Dragon / Cochon

À réserver pour les relations ami-amant ou les associations professionnelles. Pas de conflits sérieux entre eux ni de lutte pour le pouvoir.

LE SERPENT

Nom chinois: SHÉ
Ordre parmi les signes: 6e
Polarité: –
Élément invariable: Feu
Signe zodiacal correspondant: Taureau
Mois: Mai
Saison: Printemps
Direction: Sud-sud-est
Heures où l'influence du Serpent prédomine: 9 h à 11 h

Les années du Serpent

Début du cycle commence		**Fin du cycle**
Élément		
4 février 1905*	24 janvier 1906**	Bois
23 janvier 1917	10 février 1918	Feu
10 février 1929	29 janvier 1930	Terre
27 janvier 1941	14 février 1942	Métal
14 février 1953	2 février 1954	Eau
2 février 1965	20 janvier 1966	Bois
18 février 1977	6 février 1978	Feu
6 février 1989	26 janvier 1990	Terre
24 janvier 2001	11 février 2002	Métal

* Si vous êtes né le 3 février 1905, votre emblème est le Dragon.

** Si vous êtes né le 25 janvier 1906, votre emblème est le Cheval.

L'année du Serpent

Toutes les décisions qui seront prises durant l'année du Serpent seront réfléchies et empreintes de sagesse. Chacun, en cette année, ressent le besoin de planifier et d'examiner chaque projet, chaque proposition, chaque occasion sous tous les angles.

Année de recherches, d'organisation, de négociations, c'est aussi une période de grands changements, généralement positifs, souvent imprévisibles, parfois dévastateurs, mais ayant presque toujours, comme objectif premier, un plus grand épanouissement de soi, des autres et de la communauté en général.

Par ailleurs, l'année du Serpent permet souvent de terminer ce qui a été entrepris dans l'année du Dragon. En outre, les cataclysmes divers qui ont pu s'abattre sur le monde atteignent, dans les premiers mois de l'année, leur point culminant avant de perdre peu à peu de leur force ravageuse. De la même façon, les conflits nés en année du Dragon connaissent leur dénouement au début de l'année du Serpent.

Cependant, même si cette année est apparemment calme et fourmillante de sages décisions, il faut tout de même rester prudent et circonspect et, surtout, se tenir toujours prêt à faire face à l'imprévisible. Il semble bien que plusieurs courants différents déferlent sur l'humanité en se heurtant et en provoquant des vents contraires.

Cette année, le romantisme reprend ses lettres de noblesse; c'est également une période favorable en ce qui concerne les arts, les sciences et la technologie.

La personnalité du Serpent

QUALITÉS: Remarquable jugement, sens de l'humour très développé, réserve et discrétion, souplesse de corps et d'esprit, dynamisme, sens de l'organisation, sensualité exquise, charisme extraordinaire, ténacité, perspicacité, clairvoyance, sagesse légendaire.

DÉFAUTS: Jalousie et possessivité excessives, ironie et sarcasme, défiance, vanité et présomption, tendance à fuir ses problèmes dans le travail, infidélité, introversion, doute, insatisfaction presque chronique.

Racé, stylé, attirant, doté d'un charme mystérieux, paré d'une auréole de mysticisme, le Serpent est un être remarquablement sage et psychiquement évolué.

Incroyablement tenace (probablement le plus tenace de tous les signes de l'astrologie chinoise), il est, sur le plan professionnel, un négociateur imbattable et un redoutable adversaire d'une implacable logique.

Franc et direct, il a de grandes ambitions; il sait ce qu'il veut et comment l'obtenir. Cependant, avec lui, jamais de mensonges, de ruses malhonnêtes ou de roublardises car, à son avis, le mensonge ne paie pas.

Le Serpent n'est pas de ceux qui perdent leur sang-froid en temps de crise. Vous ne le verrez presque jamais sortir de ses gonds. S'il est injurié, humilié ou victime d'injustice, il se contente tout simplement de foudroyer du regard l'auteur du méfait, ce qui fait perdre à ce dernier, outre tous ses moyens, toute envie de recommencer. Car le regard d'un Serpent en colère est tout aussi paralysant et douloureux que le venin d'une vipère.

Le cerveau du Serpent est constamment en ébullition; il a toujours en tête tantôt une idée d'entreprise, tantôt un projet de voyage, tantôt une question philosophique à débattre avec lui-même. C'est un très grand philosophe, ce qui transparaît, bien sûr, dans toutes ses conversations, même les plus légères.

Plus porté vers la spiritualité que vers la matérialité (les questions d'argent le laissent complètement indifférent), il aime toutefois vivre dans un environnement confortable et, surtout, propice à la méditation.

C'est le plus réfléchi et le plus intuitif de tous les signes. Clairvoyant, perspicace, charismatique, il devine non seulement les difficultés et les problèmes d'autrui avant même que ceux-ci en disent un seul mot, mais il devine également leurs secrets, leurs travers, leurs vices et leurs vertus.

Sur le plan affectif, le Serpent a du mal à exprimer ses émotions. Introverti, secret, renfermé, il est, malgré cela, très sensuel et romantique. Il aime les relations charnelles, les jeux érotiques et les nuits d'amour faites de désir et de passion.

Cependant, sur le plan amoureux comme sur le plan amical, le Serpent a tendance à être, même dans ses meilleurs jours, jaloux, possessif et soupçonneux. Dans ses mauvais jours ou quand il est contrarié, il devient sarcastique, moqueur, caustique et outrageusement vaniteux et présomptueux.

Si le Serpent vous semble parfois difficile à comprendre, c'est peut-être que ses pensées, son code moral et ses valeurs se transforment constamment au rythme de ses profondes réflexions, ce qui en fait un être en évolution permanente chez qui rien n'est jamais coulé dans le béton.

Les cinq grands types de Serpent

Le Serpent de métal (1881, 1941, 2001)

Ambitieux et entreprenant, le Serpent de métal est un être secret qui aime laisser planer un certain mystère sur les choses, les événements et les gens, et particulièrement sur lui.

Organisé, calculateur et intelligent, il est doté d'un sixième sens qui lui permet toujours de savoir, avant tout le monde, où, quand et comment se présenteront les meilleures occasions. Bien sûr, il est toujours le premier à se servir, car il sait agir rapidement, efficacement et silencieusement.

Partisan inconditionnel du luxe, du faste et de la vie facile, il est constamment à la poursuite de la richesse et du pouvoir. Il aspire à rien de moins que le meilleur en tout.

Personnage énigmatique, il suscite beaucoup d'envie et de jalousie de la part de ses adversaires et ennemis qui tenteront souvent, mais en vain, de le démolir, de le briser, de le ruiner ou, tout simplement, d'entrer en opposition avec lui.

Par ailleurs, si le Serpent de métal peut être généreux, c'est bien souvent, consciemment ou pas, dans le but d'augmenter son pouvoir personnel sur autrui.

Le Serpent de métal éprouve beaucoup de difficultés à accepter les échecs. En outre, sur le plan personnel comme sur le plan professionnel, il est tellement méfiant et soupçonneux que son comportement frise parfois la paranoïa. Il doit apprendre à être un peu plus modeste, car son excès de confiance en soi risque de lui jouer de vilains tours.

Le Serpent d'eau (1893, 1953, 2013)

Pragmatique et matérialiste, ce type de Serpent possède une mémoire d'éléphant et un remarquable sens de l'organisation. Intelligent, intellectuel, doté d'une grande capacité de concentration et d'une étonnante acuité mentale, il ne perd jamais de vue ni ses buts ni son sens des réalités.

Avec ce Serpent, pas de chemin sinueux, de détours à ne plus finir, pas d'enchevêtrements compliqués. Comme il sait écarter le superflu et l'inutile de sa route, il est capable, quand il se fixe un but, d'y aller en ligne droite.

Le Serpent d'eau est un leader qui adore diriger les masses, ce qu'il fait d'ailleurs avec beaucoup d'assurance et d'efficacité.

Patient, il sait, sur le plan professionnel, attendre le moment idéal pour agir. Et il fait de même sur le plan affectif. Quand une personne du sexe opposé lui plaît, il attend patiemment son heure, puis il bondit.

Sa force de caractère et sa personnalité d'incorruptible font de lui un individu extrêmement doué pour les affaires.

Par ailleurs, il délaissera occasionnellement, toujours de façon momentanée et avec une certaine dose de culpabilité, ses affaires pour donner libre cours, dans des accès de créativité, à ses talents d'artiste.

Le Serpent de bois (1905, 1965, 2025)

Le Serpent de bois est un être extrêmement brillant, très sage, pratique et réaliste; il possède un don de clairvoyance en ce qui concerne le cours des événements et les tendances qu'adopteront, dans le futur, les individus d'une société.

Constant, résistant, persévérant, il a grand besoin de sécurité affective et financière en plus d'une absolue liberté intellectuelle.

Excellent communicateur, le Serpent de bois doit rarement faire d'efforts pour se trouver du travail, car le travail vient à lui!

Comme il a besoin d'être constamment admiré, adulé, soutenu et approuvé, ce Serpent choisira généralement une profession qui s'exerce dans le domaine public, et plus particulièrement où il lui est permis d'espérer un succès de grande envergure ou même un triomphe mondial.

Perpétuellement en quête de nouvelles connaissances, il se tient au courant de l'actualité, lit sur tout, se cultive de façon autodidacte et a une soif d'apprendre inextinguible.

Le Serpent de bois cultive des valeurs très élevées et si les gens de son entourage veulent continuer de fréquenter sa demeure, ils doivent respecter son code moral.

Même s'il est doté d'un bon jugement, on pourrait lui reprocher ses goûts de luxe, particulièrement ceux qui concernent l'image qu'il projette, car il possède un ego gros comme une cathédrale!

Le Serpent de feu (1857, 1917, 1977)

Comme tous les autres Serpent, le Serpent de feu, énergique, dynamique et charismatique est un être qui a le pouvoir d'attirer les masses, de les subjuguer, de les mettre en confiance et de les diriger.

Intense dans sa manière de s'exprimer et dans le choix de ses mots, ce Serpent aime et recherche les discussions et les débats qui se déroulent sur la scène publique, car ils lui permettent d'accroître son influence et sa réputation de meneur de troupes et d'animateur de foules.

En outre, il accorde une importance capitale à son allure et à son image tout autant qu'à son code moral. Sans indulgence ni pour lui ni pour les autres, il juge et condamne cependant un peu trop promptement.

Maître de ses émotions, physiquement et psychiquement alerte, persévérant et fort, il ne fait jamais de compromis. Il caresse de grandes ambitions et ses performances ne se comptent plus. Il a tellement besoin d'être reconnu, louangé, ovationné, tellement besoin également d'atteindre la prospérité qu'il fera toujours tout pour parvenir à ses buts, quitte à bousculer un peu les gens sur son passage.

Sur le plan amoureux, le Serpent de feu est un être sensuel et fervent, mais jaloux. En réalité, il est soupçonneux et méfiant de nature, ce qui fait qu'il n'a totalement confiance qu'en lui-même. Il a tendance à être, d'ailleurs, excessif pour tout ce qui concerne les relations affectives, qu'elles soient amicales ou sentimentales. Il aime ou déteste avec excès.

Le Serpent de terre (1869, 1929, 1989)

C'est le plus sociable de tous les Serpent. Réaliste, pragmatique, terre à terre, il a une large vision de la vie. Il n'est pas de ceux qui condamnent sans appel, car il prend le temps de réfléchir avant de porter quelque jugement que ce soit.

Chaleureux, naturel, authentique, le Serpent de terre est un excellent médiateur. En sa présence, il devient presque facile de régler les conflits et de faire cesser les affrontements, car il possède le don de trouver des terrains d'entente et de proposer des compromis qui ne portent préjudice à personne. Grâce à ces remarquables qualités, il est doué pour le travail d'équipe dans lequel, d'ailleurs, il s'épanouit.

Charmant et charmeur, franc, sincère, digne de confiance et persévérant, il a toujours, autour de lui, une armée de partisans qui lui manifestent leur appui inconditionnel.

Par ailleurs, comme il connaît mieux que quiconque ses propres limites, il ne caresse que les ambitions qui sont à la mesure de ses moyens.

Un peu plus lent, un peu moins intempestif que les autres Serpent, le Serpent de terre est cependant tout aussi difficile à intimider que ses congénères. Il se réserve en tout temps le privilège et le droit de donner son avis même si celui-ci est en parfaite dissidence avec la majorité. Sa facilité à communiquer lui fait souvent gagner ses causes.

Sur le plan affectif, il ne s'engage pas à l'aveuglette et, quand il le fait, il est le plus fidèle des partenaires.

Les ascendants du Serpent

- Si vous êtes né entre 23 h et 1 h, votre ascendant est le Rat.

Un Serpent doué pour les questions financières. Comme il a la parole facile et qu'il sait manier les mots, il a beaucoup de facilité à convaincre autrui qu'il a raison. Affable, aimable, accueillant et amical, le Serpent ascendant Rat est porté sur le romantisme et la sentimentalité.

- Si vous êtes né entre 1 h et 3 h, votre ascendant est le Bœuf.

La puissance du Bœuf combinée au charme ensorceleur du Serpent fait de ce natif un être auquel il est difficile de résister. Entêté, volontaire, persévérant et imperméable aux épreuves, le Serpent ascendant Bœuf est une véritable force de la nature.

- Si vous êtes né entre 3 h et 5 h, votre ascendant est le Tigre.

Le Serpent ascendant Tigre est un être spontané, naturel, chaleureux, un peu sauvage et aux réflexes rapides. Vif et passionné, il est aussi quelqu'un de polyvalent et de mobile. Ses pouvoirs psychiques le rendent quelquefois un peu lunatique.

- Si vous êtes né entre 5 h et 7 h, votre ascendant est le Lapin.

Le Serpent ascendant Lapin est extrêmement sympathique, calme, paisible et donne l'impression d'une tranquille assurance. Toutefois, il ne faut pas toujours s'y fier car, en affaires, il peut être très vindicatif et implacable.

- Si vous êtes né entre 7 h et 9 h, votre ascendant est le Dragon.

Philanthrope, sociable et engagé, le Serpent ascendant Dragon est très généreux et s'investit considérablement dans sa collectivité. Déterminé et sage, il a besoin, pour être heureux, d'accéder à une certaine réussite sociale et professionnelle.

- Si vous êtes né entre 9 h et 11 h, votre ascendant est le Serpent.

Doté d'un incroyable charisme, le Serpent ascendant Serpent est un être mystérieux et énigmatique constamment à la recherche du sens profond de la vie. Sa merveilleuse philosophie lui permet de naviguer sur le fleuve de la vie en se distinguant du commun des mortels.

- Si vous êtes né entre 11 h et 13 h, votre ascendant est le Cheval.

Le Serpent ascendant Cheval est un épicurien. Sa nature amoureuse en fait un adepte de toutes les bonnes choses de la vie. Charmant et charmeur, d'un tempérament enjoué, charismatique, il est d'une grande sensualité. En outre, il possède un excellent sens de l'humour.

- Si vous êtes né entre 13 h et 15 h, votre ascendant est la Chèvre.

D'une remarquable intuition et d'un flair étonnant, le Serpent ascendant Chèvre utilise ces deux grandes dispositions dans tous les domaines de sa vie, mais plus particulièrement dans le monde des affaires où il est un adversaire redoutable. Il est aussi artiste à ses heures.

- Si vous êtes né entre 15 h et 17 h, votre ascendant est le Singe.

Le Serpent ascendant Singe est tout simplement génial. Il allie la sagesse et le charisme du Serpent à l'ingéniosité et à la vivacité d'esprit du Singe. Cette combinaison engendre un être irrésistible et séduisant auquel on ne peut rien refuser.

- Si vous êtes né entre 17 h et 19 h, votre ascendant est le Coq.

Le Serpent ascendant Coq est un leader-né. Sérieux, cultivé, patient, persévérant, il est, en outre, discipliné et minutieux. Exigeant envers lui comme envers les autres, il possède tous les atouts pour exercer une grande carrière sur la scène politique.

- Si vous êtes né entre 19 h et 21 h, votre ascendant est le Chien.

Idéaliste, le Serpent ascendant Chien est un individu loyal, sincère, franc et d'une honnêteté à toute épreuve. Pour lui être agréable, il est indispensable de respecter ses convictions morales et son échelle de valeurs. Son petit côté dépensier a pour résultat des écorchures fréquentes dans son budget.

- Si vous êtes né entre 21 h et 23 h, votre ascendant est le Cochon.

Bon vivant, boute-en-train, le Serpent ascendant Cochon aime les belles et bonnes choses que la vie peut lui offrir. Il en profite autant qu'il le peut. Plein de bonnes intentions à l'égard de l'humanité, il n'est toutefois pas crédule au point de se laisser manger la laine sur le dos.

Le Serpent à travers les années

L'année du Rat (1996, 2008)

Pour le Serpent, l'année du Rat est mouvementée; les occasions d'affaires sont nombreuses et les gains financiers, très intéressants, mais uniquement si le Serpent évite de prendre des risques non calculés. Dans le cas contraire, il pourrait perdre toute sa fortune. Période où il ne faut pas contracter d'emprunt ou prêter de l'argent.

L'année du Bœuf (1997, 2009)

Malgré sa prudence, son intuition et sa sagesse, le Serpent risque, en cette année du Bœuf, de prendre des décisions imprudentes, voire audacieuses, qui lui occasionnent quelques problèmes et des pertes. Il ne doit pas s'obstiner, mais plutôt céder devant l'inéluctable et remettre à plus tard toutes décisions majeures.

L'année du Tigre (1998, 2010)

L'année du Tigre est une mauvaise année pour le Serpent qui vit de nombreux conflits et qui est victime de beaucoup de déceptions. Victime? Peut-être pas totalement, car certains de ses problèmes sont entièrement dus à son entêtement. Cette année, le Serpent n'aura pas la grande faveur du public. Les choses se régleront d'elles-mêmes s'il sait garder son sens de l'humour et cesser de rêver à la vengeance.

L'année du Lapin (1999, 2011)

Une année de travail pour le Serpent qui ne verra, malheureusement, pas toujours ses efforts récompensés. Son agenda bien rempli le garde constamment occupé et il n'a plus de temps à lui pour se reposer, pour avoir une vie sociale ou pour s'occuper de sa famille. Sur le plan financier, l'argent sitôt entré est sitôt dépensé.

L'année du Dragon (2000, 2012)

Une année difficile pour le Serpent, tout au moins jusqu'à l'automne. Les problèmes se multiplient et fusent de partout. Le Serpent ressemble à un capitaine dont le navire prendrait l'eau de partout. Sur le plan professionnel, il est victime de jalousie et de médisances de la part des membres de son entourage. Il doit éviter les dépenses inutiles et prendre son mal en patience.

L'année du Serpent (2001, 2013)

Cette année, le Serpent doit s'occuper de raffermir ses acquis. Le temps d'entreprendre de nouvelles choses n'est pas encore venu. Il faut solidifier et rendre à terme ce qui est déjà entamé. Les difficultés seront évitées s'il est capable de se montrer patient et de garder son sang-froid en toutes circonstances. Problèmes mineurs sur le plan affectif et sur celui de la santé.

L'année du Cheval (2002, 2014)

Année où le Serpent doit modérer ses transports, car son hyperémotivité risque de lui nuire. L'année sera bonne s'il s'interdit l'angoisse inutile. Sur le plan professionnel comme sur le plan amoureux, tous les problèmes se résolvent positivement et le Serpent en retire de nombreux bénéfices tant affectifs que financiers.

L'année de la Chèvre (2003, 2015)

Malgré quelques problèmes mineurs à la maison, l'année de la Chèvre est bonne pour le Serpent. La vie lui paraît plus belle car il a, enfin, un peu de temps pour relaxer. Son budget maintient un équilibre constant. Le Serpent doit profiter de cette éclaircie dans son ciel pour provoquer de nouvelles rencontres et pour cultiver ses relations avec des gens influents.

L'année du Singe (2004, 2016)

Le Serpent reçoit, en cette année du Singe, de l'aide extérieure imprévue, ce qui lui permet de régler plusieurs de ses problèmes. Il est involontairement impliqué dans des disputes et dans des affrontements, et cela lui cause une certaine angoisse. Tout rentrera dans l'ordre à la seule condition qu'il refuse d'être partie prenante dans des conflits où il n'a strictement rien à voir.

L'année du Coq (2005, 2017)

Une année de récompenses et de gratifications pour le Serpent! Sa patience et sa persévérance sont enfin reconnues, et il récolte les fruits de ses semences. Une année de profits, de promotions et d'augmentation de salaire. Sur le plan amoureux, le ciel est clair et sans nuages. C'est une cascade de bonnes nouvelles après la vie difficile des années précédentes.

L'année du Chien (2006, 2018)

Une autre belle et merveilleuse année pour le Serpent! Voici venu le temps de se lancer dans de nouvelles entreprises. Sur le plan professionnel, certaines occasions doivent être saisies au vol. Côté affectif, les relations doivent être nourries. Problèmes mineurs de santé et possibilités de voyages, d'agrément ou d'affaires.

L'année du Cochon (2007, 2019)

Année en dents de scie pour le Serpent. Il doit investir une énorme somme de travail pour bien peu de revenus. Quelques investissements faits au cours des deux années précédentes sont sources d'anxiété. Des erreurs de jugement en sont l'origine. La réflexion et la discipline devraient corriger cette situation. Possibilité de rupture amoureuse.

Les compatibilités

Serpent / Rat

Les relations amoureuses entre le Serpent et le Rat sont satisfaisantes. Ils ont en commun de nombreux buts et éprouvent l'un pour l'autre une attirance marquée.

Serpent / Bœuf

Possibilité pour le Serpent et le Bœuf de créer des liens durables. Compréhension mutuelle. Bon ménage.

Serpent / Tigre

Indifférence ou antipathie. Ces deux natifs ne peuvent compter l'un sur l'autre. Entre eux, les soupçons et les conflits sont constants.

Serpent / Lapin

Pas d'attirance particulière, mais pas d'animosité non plus entre ces deux natifs. Bonne relation de travail. Courtoisie.

Serpent / Dragon

Union favorable qui profite tant au Serpent qu'au Dragon. La sympathie qu'ils éprouvent l'un pour l'autre promet une complicité qui peut mener à la prospérité.

Serpent / Serpent

Deux Serpent sont très bien capables d'établir des liens solides si, à la base, ils partagent des champs d'intérêt communs. Bonne compréhension mutuelle.

Serpent / Cheval

Distance et froideur. Le Serpent et le Cheval ont peu de choses en commun. Ils sont généralement en conflit et éprouvent beaucoup de difficultés à communiquer.

Serpent / Chèvre

Si le Serpent et la Chèvre combinent leurs efforts, ils pourront établir une relation basée sur la courtoisie. Pas de conflits importants en vue, mais une compatibilité limitée.

Serpent / Singe

Entre le Serpent et le Singe, une relation modérée est possible si chacun y met de la bonne volonté. Généralement, les conflits naissent à cause d'un manque de confiance mutuel. Difficultés de communication.

Serpent / Coq

Très compatibles. Relation parfaite. Confiance et compréhension mutuelles. Excellente combinaison tant sur les plans professionnel qu'amoureux.

Serpent / Chien

Relation amicale seulement, car la compatibilité entre ces deux natifs est modérée. Il y a respect mutuel et absence de conflits majeurs, mais pas d'attirance particulière.

Serpent / Cochon

Le Serpent et le Cochon sont incapables d'établir la communication pour régler amicalement leurs différends. Conflits profonds et durables. Ils ne se comprennent pas et ne peuvent pas se fier l'un sur l'autre.

LE CHEVAL

Nom chinois: MA
Ordre parmi les signes: 7e
Polarité: +
Élément invariable: Feu
Signe zodiacal correspondant: Gémeaux
Mois: Juin
Saison: Été
Direction: Sud
Heures où l'influence du Cheval prédomine: 11 h à 13 h

Les années du Cheval

Début du cycle	Fin du cycle	Élément
25 janvier 1906*	12 février 1907**	Feu
11 février 1918	31 janvier 1919	Terre
30 janvier 1930	16 février 1931	Métal
15 février 1942	4 février 1943	Eau
3 février 1954	23 janvier 1955	Bois
21 janvier 1966	8 février 1967	Feu
7 février 1978	27 janvier 1979	Terre
27 janvier 1990	14 février 1991	Métal
12 février 2002	31 janvier 2003	Eau

* Si vous êtes né le 24 janvier 1906, votre emblème est le Serpent.

** Si vous êtes né le 13 février 1907, votre emblème est la Chèvre.

L'année du Cheval

L'année du Cheval en est une de changements. Sur le plan professionnel aussi bien que sur le plan personnel, c'est le temps d'aller de l'avant.

L'année du Cheval sera marquée par la bonne humeur, l'insouciance, le romantisme et la liberté, mais aussi par la vitesse, la rapidité d'action, la célérité, les prises de décisions et la mise sur pied de nouveaux projets. En réalité, l'année du Cheval est à la fois reposante et fatigante, valorisante et frustrante. Tout va très vite et les individus doivent puiser dans leurs réserves d'énergie pour arriver à suivre le rythme effréné de ce Cheval, un peu sauvage et assoiffé d'aventures. C'est que l'année du Cheval augmente les pulsions de chacun, ce qui, en conséquence, accroît le stress de la vie quotidienne.

Mais ce stress est bénéfique et s'y abandonner permet de faire baisser la pression angoissante des années précédentes.

Pour tirer les bénéfices maximums de cette année, il faut écouter son instinct, suivre ses intuitions, agir dès qu'une décision est prise et ne jamais perdre un temps précieux à se débattre avec ses doutes, persévérer dans l'accomplissement de ses objectifs, ne pas remettre au lendemain ce qu'on peut faire aujourd'hui, mettre de côté les sentiments de culpabilité et s'offrir un peu de bon temps, satisfaire quelques anciens caprices et s'octroyer des périodes de solitude pour cultiver sa spiritualité. Tout un programme pour l'année du Cheval!

La personnalité du Cheval

QUALITÉS: Force, vivacité (de corps et d'esprit), amour de la vie, dynamisme, énergie, indépendance, générosité avec les amis, don de l'éloquence, efficacité dans l'action, sensibilité, maître des décisions rapides, charmant rebelle.

DÉFAUTS: Imprévisibilité, instabilité, opportunisme, manipulation, tendance à l'exagération, aucun sens du compromis, égocentrisme, lascivité, irréflexion, versatilité, frivolité.

Vif de corps et d'esprit, extraverti, charismatique, le Cheval, qui déteste perdre son temps, parle et bouge toujours très rapidement.

Aussi imprévisible que le vent, il change souvent de direction de façon intempestive, ce qui ne finit pas d'étonner les membres de son entourage car ses volte-face sont toujours soudaines et surprenantes par leur brusquerie.

Le Cheval, qui symbolise la force et la vigueur, est un être extrêmement énergique, presque impossible à apprivoiser.

Toujours très occupé, il aimerait bien avoir dix mains et autant de jambes pour pouvoir faire plusieurs choses à la fois et, bien entendu, dans un temps record.

Amoureux de la nature et de la vie, il aime l'aventure, les grands espaces et le changement. Mais, ce qu'il aime par-dessus tout, c'est d'être au cœur de l'action; c'est de bouger, d'agir, de réagir et de participer à toutes les aventures gracieusement offertes, affime-t-il, par le destin.

Le Cheval profite de toutes les bonnes choses qu'il rencontre. Cependant, il se lasse rapidement. Après avoir exploité avec gourmandise le bonheur et les avantages d'une heureuse occasion, après en avoir joui au maximum, il laisse tout tomber et repart pour de nouvelles aventures.

Sur le plan affectif, impossible d'emprisonner le cœur d'un Cheval. Il aime les aventures brèves, mais intenses. Et, s'il fuit tout ce qui revêt un caractère de permanence, il déteste par-dessus tout la routine amoureuse.

Pour être l'ami véritable d'un Cheval, il faut à tout prix comprendre et respecter son impérieux besoin d'indépendance. D'ailleurs, la pire calamité, la plus grande douleur pour un Cheval, c'est de devoir restreindre sa liberté. Lorsque cela lui arrive, le plus souvent sur le plan professionnel, il ne met jamais longtemps à se révolter et s'enfuit, rebelle et sauvage, vers une situation plus appropriée à sa nature et à son tempérament.

Pour obtenir un rendement maximum du Cheval, il faut lui assigner une tâche et le laisser libre de la mener à bien à sa manière et sans l'observer constamment. Cependant, et cela est bien malheureux, si le Cheval exige beaucoup de tout le monde, il fait lui-même bien peu de concessions en échange.

Bon orateur, le verbe haut, il manie les mots avec la dextérité d'un jongleur même s'il a parfois la fâcheuse manie d'exagérer la réalité.

Par ailleurs, ce Cheval a souvent d'étonnantes sautes d'humeur, ce qui rend ses relations avec les autres encore plus difficiles et instables.

Pour ses amis et pour ceux qu'il aime, le Cheval, même s'il paraît égocentrique, est très généreux et accueillant. Certaines personnes lui reprochent, non sans raison, de juger un peu trop vite les autres. C'est qu'il ne prend jamais le temps de réfléchir très longtemps. Il est toujours beaucoup trop pressé pour cela.

Avis aux intéressés: sur la peau du Cheval sont tatoués les mots «dynamite», «danger» et «explosif»!

Les cinq grands types de Cheval

Le Cheval de métal (1870, 1930, 1990)

Le Cheval de métal ne vit que pour et par le changement. Constamment à la recherche de nouvelles aventures et de nouveaux défis, il ne reste jamais longtemps au même endroit. Il est d'ailleurs extrêmement difficile de le suivre, car il semble être toujours partout à la fois.

Impétueux, impressionnant, majestueux, il n'obéit qu'à ses propres règles. Têtu, plus égocentrique que les natifs des autres éléments, il ne s'investit dans un travail ou une occupation que s'il est certain d'en retirer du plaisir, de la stimulation et de la satisfaction. Il a horreur des habitudes et de tout ce qui revêt un caractère répétitif. C'est au triple galop qu'il fuit la routine et les choses permanentes. Le Cheval de métal s'épanouira cependant dans un travail où il aura toute la latitude voulue pour accomplir ses tâches.

Rigoureux, engagé, démonstratif, il réagit à la vitesse de l'éclair. Son incommensurable besoin de liberté et d'indépendance l'empêche de s'engager dans des relations amoureuses stables mais, comme il est absolument irrésistible et d'une sensualité à fleur de peau, il ne manquera jamais de partenaires pour partager ses nuits de solitaire.

Le Cheval de métal adore la sensation de vertige et passe sa vie à chercher des occasions pour se la procurer.

Le Cheval d'eau (1882, 1942, 2002)

Comme tous les individus nés sous l'influence du Cheval, le Cheval d'eau est un nomade. Il aime les voyages, les changements, les horizons nouveaux, les expériences insolites et il a une vision globale du monde.

Sur le plan professionnel, c'est un individu enthousiaste et méthodique qui n'a aucun mal à établir des relations de travail harmonieuses et sympathiques, car c'est, de tous les Cheval, celui qui a la plus grande adaptabilité.

Cependant, il est versatile, changeant, inconstant et un peu plus paresseux que ses congénères. Il peut faire volte-face n'importe quand et de façon imprévisible, ce qui finit par ternir quelque peu sa réputation.

En réalité, c'est un cyclothymique chez qui les périodes d'euphorie alternent constamment avec les périodes d'apathie. Sporadique dans ses actions (qui sont le plus souvent nerveuses), il a, en outre, quelquefois bien du mal à démontrer qu'il a de la suite dans les idées.

Sur le plan de l'amitié, il est amusant, sympathique et est doté d'un grand sens de l'humour.

Quand les choses n'évoluent pas à son goût, le Cheval d'eau devient prétentieux, encore plus instable et se rend coupable d'un déplorable manque de considération à l'égard d'autrui.

Le Cheval de bois (1894, 1954, 2014)

Vaillant, travaillant, sympathique et plus raisonnable que ses semblables, le Cheval de bois a aussi beaucoup plus de discipline personnelle.

Doté d'un esprit vif et d'une pensée claire, il est précis, méthodique, avant-gardiste, décidément moderne et a d'heureuses dispositions pour la vie sociale et amoureuse. Sur ce dernier plan, cependant, force nous est de constater qu'il n'est pas très romantique ni porté sur les affaires sentimentales.

Moins égocentrique que les natifs des autres éléments, il est d'un naturel affable et chaleureux, et n'éprouve pas toujours le besoin d'être le premier devant.

Comme tous les autres nés sous l'emblème du Cheval, il aime le changement et déteste la routine. Il éprouve le besoin systématique et impérieux de remplacer le vieux par du neuf, et ce, dans tous les domaines de sa vie.

En fait, le Cheval de bois a besoin, pour s'épanouir, d'avoir plusieurs champs d'activité et d'intérêt ainsi que plusieurs sources de loisirs. Cela le protège de la lassitude et de l'ennui de toujours faire la même chose.

Non conventionnel, il n'a aucune attirance particulière pour les traditions, les us et les coutumes.

Par ailleurs, quand les choses ne vont pas comme il le voudrait, il a tendance à fuir ses responsabilités. Pour réussir parfaitement sa vie, il devra apprendre la prudence et le discernement.

Le Cheval de feu (1906, 1966, 2026)

Le plus flamboyant, le plus charismatique, le plus vif et le plus excessif de tous les Cheval, le Cheval de feu aime vivre à toute vitesse et est constamment à la recherche d'aventures, d'expériences nouvelles, de défis enivrants, d'émotions intenses et de variété.

Amoureux de la vie, de l'action, du mouvement et des voyages, c'est un éternel itinérant, heureux de son sort. Son sens de l'initiative, son intelligence vive et sa débrouillardise font qu'il arrive toujours à se sortir de toutes les situations, si épineuses soient-elles.

Spontané, naturel, il surprend souvent les membres de son entourage par ses explosions soudaines d'énergie, d'enthousiasme et de dynamisme.

Brillant et ingénieux, il a souvent des éclairs de génie, des idées fabuleuses, des projets grandioses. Mais il est tellement volage qu'il prend rarement le temps de mener ses projets à terme.

Sa personnalité à multiples facettes fait qu'il aime bien avoir plusieurs cordes à son arc, et il n'est pas rare de rencontrer un Cheval de feu vivant une double et même une triple vie.

Sur le plan professionnel, il attend de ses supérieurs qu'ils lui donnent une tâche à accomplir et qu'ils disparaissent de sa vue car, en tout temps et en toutes occasions, il a besoin d'une entière liberté d'action.

Facile à distraire, le Cheval de feu doit apprendre la persévérance et essayer d'être un peu moins inconstant.

Le Cheval de terre (1918, 1978, 2038)

Plus logique, plus cérébral, plus réaliste et pragmatique que ses congénères, le Cheval de terre est capable de sédentarisme. En outre, comme il est moins réfractaire à l'autorité que le Cheval des autres éléments, il lui sera plus facile d'établir des relations harmonieuses avec autrui.

Comme il est précis, logique, méthodique, réfléchi et doté d'un solide sens des affaires sur le plan professionnel, c'est à lui qu'on fera appel pour redresser des affaires déclinantes et pour éviter des faillites ou des catastrophes financières. À cet égard, il a un réel talent et un incroyable flair pour savoir avant tout le monde de quel côté soufflera le vent ainsi que où et quand il doit investir pour en retirer un maximum de bénéfices.

Joyeux, d'un tempérament naturellement heureux et facile, sociable et chaleureux, le Cheval de terre a tendance à se sentir responsable de tout le monde et à porter le poids de la terre sur ses épaules. En fait, il assume plus que son lot de responsabilités.

Quand les choses n'évoluent pas à sa satisfaction, le Cheval de terre, par ailleurs si déterminé, devient indécis, hésitant, capricieux et hanté par le doute et l'inquiétude.

Comme échappatoire, il s'évade parfois dans la création artistique où il démontre de véritables talents.

Les ascendants du Cheval

- Si vous êtes né entre 23 h et 1 h, votre ascendant est le Rat.

Le Cheval ascendant Rat est un excellent compagnon, affectueux, tendre et sensible. Parfait gestionnaire, il arrive à établir des relations professionnelles stables et profitables, et à gagner beaucoup d'argent. Sur le plan amoureux, il a besoin d'un partenaire qui a le goût du risque.

- Si vous êtes né entre 1 h et 3 h, votre ascendant est le Bœuf.

Le Cheval ascendant Bœuf est calme, sérieux et paisible; il a aussi un grand sens des responsabilités. Digne de confiance, il n'entreprend qu'une seule chose à la fois et la mène à terme. Sur le plan sentimental, il est bien difficile de le faire tomber amoureux.

- Si vous êtes né entre 3 h et 5 h, votre ascendant est le Tigre.

Si le Tigre n'hésite pas à s'engouffrer seul dans la sombre forêt, le Cheval, lui, apportera une lampe de poche! Voilà qui résume un peu le tempérament du Cheval ascendant Tigre. Épris d'aventure, il saura toujours se servir de son intuition pour éviter les pièges.

- Si vous êtes né entre 5 h et 7 h, votre ascendant est le Lapin.

L'ascendant Lapin procure à ce Cheval une certaine modération dans l'action en atténuant sa nature flamboyante. En outre, la présence du Lapin atténue également les goûts de luxe et de luxure du Cheval. Cette très belle combinaison engendre un individu à l'énergie constante.

- Si vous êtes né entre 7 h et 9 h, votre ascendant est le Dragon.

Ce Cheval n'arrête jamais longtemps sa course. Puissant, énergique, il a besoin d'être constamment à l'avant-scène. Il désire gagner, être le meilleur. Difficile à suivre, il est cependant toujours entouré d'une horde d'admirateurs. Il doit cultiver son sens des responsabilités.

- Si vous êtes né entre 9 h et 11 h, votre ascendant est le Serpent.

En inoculant un peu de sa sagesse au Cheval, l'ascendant Serpent fera de lui un être un peu moins dynamique sans doute, mais assurément plus responsable. Les succès professionnels et amoureux seront beaucoup plus nombreux et plus durables.

- Si vous êtes né entre 11 h et 13 h, votre ascendant est le Cheval.

Un cheval de race qui bouge avec une grâce superbe. Son charisme lui montera à la tête; il doit faire attention pour ne pas avoir un excès de confiance.

- Si vous êtes né entre 13 h et 15 h, votre ascendant est la Chèvre.

Le Cheval ascendant Chèvre est paisible et aime profiter des bonnes choses de la vie. Beaucoup moins égocentrique que le pur Cheval, il est par ailleurs d'un tempérament combatif, ce qui en fait un remarquable coureur de fond qui raflera toutes les médailles.

- Si vous êtes né entre 15 h et 17 h, votre ascendant est le Singe.

Le Cheval ascendant Singe est agile, perspicace, solide; ses principales préoccupations se rapportent à lui-même. Égocentrique, il fait passer ses caprices et ses désirs avant tout. Il est difficile à vivre, mais drôle et plein de charme.

- Si vous êtes né entre 17 h et 19 h, votre ascendant est le Coq.

D'une nature heureuse, doué pour l'amitié, le Cheval ascendant Coq est une combinaison gagnante. Compétent, intuitif, réceptif et aimable, il possède, en outre, un don de persuasion auquel il est difficile de résister et une éloquence de prêcheur.

- Si vous êtes né entre 19 h et 21 h, votre ascendant est le Chien.

Le Cheval ascendant Chien est un compagnon fidèle, sincère, franc et diplomate qui possède une remarquable acuité intellectuelle. En période sombre, cependant, il devient tourmenté, turbulent avec une fâcheuse tendance à l'arrogance.

- Si vous êtes né entre 21 h et 23 h, votre ascendant est le Cochon.

Le Cheval ascendant Cochon est un être de coopération en qui on peut avoir une grande confiance. Occasionnellement paresseux, il est cependant stable, généreux et sincère. La seule chose que l'on puisse lui reprocher est d'être un peu trop imbu de lui-même.

Le Cheval à travers les années

L'année du Rat (1996, 2008)

En cette année du Rat, les relations amoureuses et professionnelles seront sources de frustration pour le Cheval. Il doit éviter toutes formes de confrontations, particulièrement sur le plan juridique. La situation financière est précaire et la prudence est de mise. Il existe également, à l'intérieur de la famille, plusieurs conflits en rapport avec l'argent.

L'année du Bœuf (1997, 2009)

Une légère amélioration des conditions de vie, même si certains conflits, surtout dans le couple, subsistent et résistent. Autrement, la vie, en cette année du Bœuf, s'annonce généralement agréable. Un travail soutenu et régulier procure le confort matériel et une certaine liberté financière, et la santé ne cause aucune inquiétude.

L'année du Tigre (1998, 2010)

Une bonne année pour le Cheval ! Aucun problème de santé à l'horizon. De vieilles querelles connaissent un dénouement heureux, et il y a plusieurs améliorations notables sur le plan financier. Le Cheval doit apprendre à être patient, tolérant et à garder son sang-froid en toutes circonstances. Nombreuses réjouissances en vue.

L'année du Lapin (1999, 2011)

Le temps est venu pour le Cheval d'investir dans de nouveaux projets, car la chance, en cette année du Lapin, est au rendez-vous. Les bonnes nouvelles se succèdent à un rythme effarant, et le Cheval n'a pas le temps de souffler. En outre, il sera sans cesse sollicité pour s'engager dans des mouvements socioculturels.

L'année du Dragon (2000, 2012)

Rien d'uniforme ou de constant cette année dans la vie du Cheval. Il connaît une suite ininterrompue de hauts et de bas. Tout tarde à se mettre en place, à se résoudre ou à s'achever. Le stress inhérent à cette situation cause au Cheval de l'angoisse, ce qui lui occasionne des problèmes de santé. Le Cheval doit relaxer. Les choses rentreront dans l'ordre d'elles-mêmes.

L'année du Serpent (2001, 2013)

Une année très occupée pour le Cheval qui n'hésitera pas à s'engager dans toutes sortes de projets et d'aventures. Cependant, l'énergie dépensée n'est pas vraiment récompensée sur le plan financier, car de nombreux obstacles imprévus occasionnent des délais. Heureusement, le Cheval trouve, en cette année du Serpent, beaucoup de réconfort au sein de sa famille.

L'année du Cheval (2002, 2014)

Une année de grande prospérité pour le Cheval. Dans l'air flotte un délicieux parfum d'avancement, de promotions, de nominations, d'augmentation de salaire. Les choses semblent vouloir se stabiliser tant sur le plan professionnel que dans la vie amoureuse. À la plus grande satisfaction du Cheval, on reconnaît enfin ses talents et ses compétences. Il faut faire durer les associations actuelles: elles sont gagnantes.

L'année de la Chèvre (2003, 2015)

Une année plutôt bonne pour le Cheval, mais qui sera ponctuée de longues périodes d'inertie et d'ennui. Toutefois, quand ça va bouger, ça en vaudra la peine. Possibilité de voyages ou de déménagements. Tant sur les plans professionnel que personnel, tout va bien et il n'y a nulle part trace d'inquiétude ou de problèmes sérieux.

L'année du Singe (2004, 2016)

C'est par des gains financiers plutôt importants et tout à fait imprévus que l'année du Singe commence pour le Cheval. Tout semble lui tomber tout cuit dans le bec mais, en réalité, il ne fait que récolter ce qu'il a précédemment semé. Par ailleurs, le Cheval doit être très prudent cette année, car il y a des risques importants d'accidents et de blessures.

L'année du Coq (2005, 2017)

Une année plutôt moyenne. De petits problèmes au travail forcent le Cheval à ralentir sa course au succès, ce qui lui déplaît royalement. Par ailleurs, sur le plan familial surgissent des conflits qui, bien que mineurs, sont malvenus. Le Cheval devient susceptible et soupe au lait, et sa tension intérieure le rend vulnérable et fragile.

L'année du Chien (2006, 2018)

Excellente année pour le Cheval. Sur le plan professionnel, il sera remarqué par des gens importants et influents, ce qui lui vaudra une certaine notoriété; côté amoureux, une belle amitié se transforme en relation passionnée. La santé physique est judicieusement entretenue par l'impétueux Cheval et les facultés mentales sont à leur sommet.

L'année du Cochon (2007, 2019)

Cette année, le Cheval doit se contenter de peu, car la maladie et les échecs financiers se succèdent et freinent ses efforts. Quelques investissements s'avèrent infructueux quand ce n'est pas carrément désastreux. D'autres problèmes surgissent, de sources diverses, sur lesquels le Cheval n'a aucun contrôle. Il doit subir cette année en se disant que, somme toute, elle n'aura que douze mois!

Les compatibilités

Cheval/Rat

Entre le Cheval et le Rat, il n'y a rien à faire. Ils sont absolument et totalement incompatibles. Tant sur les plans professionnel qu'amical, il n'existe entre eux que rivalité et animosité.

Cheval/Bœuf

Une relation agréable mais sans plus. Peut-être une relation ami-amant, mais pas de liens durables à cause d'un manque de communication.

Cheval/Tigre

Une belle relation agréable et harmonieuse. Il n'y a entre eux aucun conflit majeur et rien ne les empêche d'être heureux ensemble tant sur les plans professionnel qu'amoureux.

Cheval/Lapin

Il vaudrait mieux mettre une croix sur cette relation, car elle est faite d'indifférence et de méfiance. Pas de communication et pas de complicité.

Cheval/Dragon

Une relation moyenne. Le respect que chacun d'eux éprouve pour l'autre est teinté d'un peu de méfiance. Cependant, la communication est bonne.

Cheval/Serpent

Relation à éviter car entre le Cheval et le Serpent, il existe des difficultés de communication impossibles à régler. Ils n'ont que très peu de choses en commun.

Cheval / Cheval

Une union gagnante sur tous les plans. Les natifs du Cheval ont de nombreux champs d'intérêt communs. Ils sont complices en tout.

Cheval / Chèvre

Relation hautement compatible. Un grand partage d'affinités. Possibilité d'établir des liens durables.

Cheval / Singe

Incompréhension mutuelle, champs d'intérêt communs inexistants. Une relation ne peut même pas réussir sur le plan strictement professionnel.

Cheval / Coq

Beaucoup de complicité entre ces deux signes, chacun étant capable d'accepter le point de vue de l'autre. Malgré quelques problèmes de communication, il s'agit là d'une bonne relation.

Cheval / Chien

Une relation très bénéfique, heureuse et prospère. Tout ce qu'ils entreprendront ensemble sera un succès.

Cheval / Cochon

Une relation qui s'épanouira strictement sur le plan professionnel. Entre eux, aucune attirance particulière et bien peu de centres d'intérêt communs.

LA CHÈVRE

Nom chinois: YANG
Ordre parmi les signes: 8e
Polarité: –
Élément invariable: Feu
Signe zodiacal correspondant: Cancer
Mois: Juillet
Saison: Été
Direction: Sud-sud-est
Heures où l'influence de la Chèvre prédomine: 13 h à 15 h

Les années de la Chèvre

Début du cycle	Fin du cycle	Élément
13 février 1907*	1er février 1908**	Feu
1er février 1919	19 février 1920	Terre
17 février 1931	5 février 1932	Métal
5 février 1943	24 janvier 1944	Eau
24 janvier 1955	11 février 1956	Bois
9 février 1967	29 janvier 1968	Feu
28 janvier 1979	15 février 1980	Terre
15 février 1991	3 février 1992	Métal
1er février 2003	21 janvier 2004	Eau

* Si vous êtes né le 12 février 1907, votre emblème est le Cheval.

** Si vous êtes né le 2 février 1908, votre emblème est le Singe.

L'année de la Chèvre

L'année de la Chèvre est généralement tranquille tant sur le plan personnel que sur le plan international. Pour ceux qui aiment voyager, c'est l'année idéale. Pour les autres, c'est une période de relaxation et de paix, de repos et d'harmonie.

L'avènement de l'année de la Chèvre indique souvent la fin des hostilités, des guerres et des conflits. Les désirs de vengeance fondent comme neige au soleil; même les éternels ennemis se regardent avec moins d'animosité.

C'est le temps idéal pour donner libre cours à toutes les formes de créativité et pour travailler à consolider les liens d'amour et d'amitié qui ont été quelque peu négligés ces dernières années. C'est le temps de gâter ceux qu'on aime et de leur démontrer, avec de petites attentions et des égards particuliers, qu'on tient à eux.

L'année de la Chèvre, c'est là où sont exacerbés tous les sentiments et toutes les émotions. Certaines personnes ressentiront beaucoup de tristesse et de nostalgie durant ces mois, alors que d'autres en profiteront pour vivre intensément le présent.

C'est le moment de sortir, de se faire de nouveaux amis, de connaître du nouveau monde, de ralentir le rythme fou de la vie quotidienne et de profiter des bonnes choses qui passent.

Quand elle est mal vécue, l'année de la Chèvre provoque du découragement et augmente le pessimisme chez les individus portés à tourner leur regard vers le passé.

La personnalité de la Chèvre

QUALITÉS: Douceur, souplesse, sens de la conciliation, extrême générosité, belle sensibilité, sens artistique et esthétique très développé, affection, joie de vivre, compassion, altruisme, philanthropie, encline à la méditation, en quête d'harmonie.

DÉFAUTS: Susceptibilité, manque de ponctualité, introversion, manque de cohérence dans la communication, tendance au mélodrame, nonchalance, vulnérabilité, dépendance, tendance à dépenser outrageusement, pessimisme, autodépréciation.

Dotée de multiples dons artistiques, d'une sensibilité très aiguisée, d'une remarquable capacité de compréhension, la Chèvre est une rêveuse et une romantique avec un petit côté instable et déroutant.

Toujours en quête d'harmonie, elle sait se montrer douce, facile, souple, docile et conciliante.

Selon les Chinois, la douce nature de la Chèvre procure la fortune. En effet, ce huitième signe de l'astrologie chinoise symbolise la prospérité et le bien-être. Cependant, il n'est pas rare d'entendre une Chèvre clamer, avec grandiloquence, à qui veut bien l'écouter, son manque de chance et de bonne fortune. Cela ne l'empêche nullement, après ces discours ponctués de grands mots et de grands gestes, de courir au secours de quelqu'un dans le besoin et de lui ouvrir sa porte, sa bourse et son réfrigérateur.

La Providence veille sur la Chèvre au grand cœur qui est, au fond, le plus bel exemple pour illustrer l'adage biblique qui dit que l'on récolte ce que l'on sème. Car la Chèvre ne manquera jamais de rien. Elle recevra tout autant qu'elle donnera, bien que sous des formes différentes.

Ne soyez jamais dur avec la Chèvre et ne ménagez pas, à son égard, les marques de tendresse et d'affection.

Sur le plan professionnel, il y aura toujours quelqu'un d'influent pour prendre la Chèvre sous son aile protectrice, car on aime l'aimer et l'avoir près de soi.

Comme elle ne veut jamais blesser ses interlocuteurs, la Chèvre peut tergiverser longuement avant de dire ce qu'elle pense vraiment. Cette attitude, bien que partant d'une bonne intention, a tendance à rendre les gens de son entourage plutôt impatients.

Artiste dans l'âme, elle a tendance à avoir bien souvent une attitude théâtrale, et ce, même dans le quotidien. Elle est également portée à dramatiser pour le simple plaisir de vivre des personnages.

Pour obtenir ce qu'on veut d'elle, il faut parfois la secouer un peu. Avec des patrons autoritaires et exigeants mais justes et bons, la Chèvre se surpassera.

Par ailleurs, elle a besoin, pour s'épanouir, qu'on lui donne de l'espace et du temps pour faire ses propres expériences même si elle doit, occasionnellement, se briser les ongles. Il faut éviter de la surprotéger.

Sur le plan financier, la Chèvre n'a aucune notion d'économie ou de comptabilité, ce qui rend la gestion de son budget très aléatoire.

Malgré sa chance inouïe, elle est de nature pessimiste. Par manque d'estime de soi et de confiance en soi, elle a la fâcheuse tendance à se déprécier constamment.

Timide, introvertie, un peu soupe au lait, la Chèvre est une personne qui aime bien, malgré tout, faire la fête. Et parlant de fête, n'allez surtout pas oublier son anniversaire, car ce serait pour elle une grave offense, un véritable affront.

Les cinq grands types de Chèvre

La Chèvre de métal (1871, 1931, 1991)

Pour s'épanouir et être heureuse, la Chèvre de métal a besoin de créer, de peindre, d'écrire, de dessiner, de danser, bref, de développer ses talents artistiques.

Vulnérable, elle dissimule sa faiblesse, son émotivité et son hypersensibilité derrière un masque d'intrépidité et d'audace. Cependant, malgré sa vulnérabilité à l'égard de ses talents et de ses aptitudes pour la création, la Chèvre de métal est dotée d'une grande confiance en soi, ce qui est très bien car elle a réellement beaucoup de dispositions pour les arts.

Plus que quiconque, la Chèvre de métal se sent préoccupée par la recherche de l'équilibre en toutes choses. C'est dans son quotidien et son foyer qu'elle exprimera le mieux ce désir d'harmonie et de sécurité et qu'elle fera de son chez-soi un chef-d'œuvre de confort et de bien-être.

Elle éprouve énormément de difficultés à faire face aux changements. Elle aime les choses établies, la routine et elle a un impérieux besoin de ce bouclier protecteur qu'elle tisse autour d'elle et qui la protège, psychologiquement, de toutes agressions extérieures.

Vivant dans sa bulle, la Chèvre de métal est forcément peu généreuse de nature, mais elle ne refusera jamais son aide à un ami.

Sur le plan affectif, n'attendez pas qu'elle fasse les premiers pas, car vous risqueriez d'attendre longtemps. Et attention! Elle est jalouse et possessive, et elle a parfois du mal à respecter la liberté des gens qu'elle aime.

La Chèvre d'eau (1883, 1943, 2003)

Comme elle a peu d'initiative et éprouve beaucoup de mal à prendre des décisions, la Chèvre d'eau cherche toujours à s'entourer de gens sur qui elle peut s'appuyer et en qui elle peut avoir confiance. Des gens, surtout, qui l'aideront à prendre les bonnes décisions.

Dotée d'une grande facilité d'adaptation, elle ne s'engage cependant jamais dans des sentiers hasardeux ou sinueux. Elle préfère les routes droites et larges, les avenues d'accès facile.

Émotive, sensible, délicate et impressionnable, cette Chèvre se rallie généralement à l'opinion de la majorité. Elle n'est décidément ni une marginale ni une rebelle. Toutefois, elle refusera de se plier aux décisions d'autrui si celles-ci menacent, un tant soit peu, sa sécurité affective ou financière, ou encore ses petites habitudes et sa rassurante routine.

La Chèvre d'eau, vous l'aurez deviné, est absolument et totalement réfractaire aux changements, si minimes soient-ils. Une rupture amoureuse, un déménagement ou un changement d'emploi peut d'ailleurs lui occasionner un grave traumatisme.

Quand les choses n'évoluent pas comme elle le voudrait, elle devient paranoïaque. Elle a l'impression d'être méprisée, elle pense que tout le monde la déteste et se complaît dans un autoapitoiement qui a des effets désastreux sur son moral.

La Chèvre de bois (1895, 1955, 2015)

La Chèvre de bois a le cœur bon, tendre et généreux. Toujours prête à venir en aide aux plus démunis qu'elle, elle accueille à bras ouverts et sans discrimination tous ceux qui sont dans le besoin, les individus indigents tout comme les animaux errants souffreteux.

Dotée d'une extrême compassion pour autrui, elle rendra toujours service de façon gratuite et désintéressée, allant même jusqu'à se priver et à faire d'immenses sacrifices pour les autres.

Amoureuse de la paix, dévouée jusqu'à l'abnégation de soi, elle cultive de grands principes moraux et cherche constamment à plaire.

Bien entendu, avec ce tempérament et ce comportement, la Chèvre ne sera jamais une personne riche dans le sens qu'on l'entend généralement, c'est-à-dire pleine d'argent. Son salaire, sa fortune à elle, c'est le bonheur de ceux qu'elle aime et de ceux à qui elle porte secours.

Mais une bonne étoile brille sur l'existence de cette maman universelle, et elle ne manquera jamais de rien.

Cependant, la Chèvre de bois aurait tout à gagner à apprendre à ne pas faire confiance à tout le monde. Aussi naïve qu'un jeune enfant, elle fait parfois outrageusement profiter d'elle.

Quand elle est fatiguée et abattue, elle abandonne tout et abdique devant l'adversité. Heureusement, son sens de l'humour l'aide à se remettre rapidement sur ses pattes.

La Chèvre de feu (1907, 1967, 2027)

De toutes les Chèvre, la Chèvre de feu est la plus courageuse et la plus audacieuse. Intuitive et débrouillarde, elle a un grand sens de l'initiative et suffisamment d'ingéniosité pour savoir quand il est préférable de paraître forte et quand il vaut mieux qu'elle se donne l'allure d'un être faible et sans défense.

Comédienne-née, la Chèvre de feu a tous les talents voulus pour brûler les planches. Créative, inventive, elle possède toute l'énergie et toute la chaleur du feu. En outre, elle adore avoir du plaisir, s'amuser, profiter de la vie, rire et faire rire.

Indulgente tant pour elle que pour les autres, elle pardonne bien des écarts de conduite et se pardonne volontiers sa fâcheuse tendance à éparpiller ses énergies.

Comme elle aime prendre ses aises, la Chèvre de feu n'hésitera pas à faire d'immenses brèches dans son budget pour satisfaire ses désirs matériels, particulièrement pour combler son irrésistible besoin d'être entourée, dans son chez-soi, de toutes les commodités possibles. D'ailleurs, elle est généralement, très tôt, propriétaire de sa maison où elle fait toujours un havre de paix et de confort, un endroit ravissant et très chaleureux, propice à la détente et à la relaxation. Ses décors, souvent dramatiques, sont à l'image de son tempérament.

Sur le plan professionnel, nul doute que la Chèvre de feu saura se faire une place enviable, car elle caresse des buts très élevés et travaille très fort pour les atteindre.

La Chèvre de terre (1859, 1919, 1979)

Si la Chèvre de feu est la plus courageuse des Chèvre, la Chèvre de terre, elle, est la plus autonome et la plus indépendante, et ce, même si elle est très attachée à ses habitudes et à sa routine.

Très tôt, elle se fixe des objectifs professionnels et elle sait toujours, d'instinct, quel chemin elle doit prendre pour les atteindre le plus rapidement et le plus sûrement possible. Prudente, avisée, elle ne prend jamais de décisions hâtives ou irréfléchies.

La Chèvre de terre pose sur la vie un regard positif et généralement optimiste sans jamais désavouer, cependant, son sens des réalités.

Responsable, émotive, sociable, elle est plutôt conservatrice. Par ailleurs, étant très orgueilleuse, elle éprouve beaucoup de difficultés à admettre ses torts.

Sur le plan financier, le mot «budget» est absent de son dictionnaire. Comme elle ne sait jamais où en est son compte bancaire, elle procède au jour le jour, selon les ressources du moment. Elle aime s'offrir de belles choses et le mot «luxe» n'a pas, pour elle, la même signification que pour le commun des mortels.

Sur le plan affectif, la Chèvre de terre est une personne très secourable et de bonne écoute. Cependant, quand son quotidien s'assombrit ou qu'on la critique, elle a tendance à devenir un peu névrosée et à se méfier de tout et de tous.

Les ascendants de la Chèvre

- Si vous êtes né entre 23 h et 1 h, votre ascendant est le Rat.

La Chèvre ascendant Rat n'hésite pas à bâillonner ses principes et à masquer son code moral quand il s'agit de tirer profit des circonstances. Malgré sa grande émotivité, elle est capable de garder son sang-froid en toutes circonstances.

- Si vous êtes né entre 1 h et 3 h, votre ascendant est le Bœuf.

Appliquée, diligente, gardienne des choses du passé, la Chèvre ascendant Bœuf est dotée d'un grand charisme. Le Bœuf en elle lui donne une certaine assurance, suffisante pour faire valoir son autorité quand cela est nécessaire. Une personne d'agréable compagnie!

- Si vous êtes né entre 3 h et 5 h, votre ascendant est le Tigre.

La Chèvre ascendant Tigre possède de remarquables aptitudes pour les arts de la scène. Créative, un peu exhibitionniste, elle aime attirer et retenir l'attention. Par ailleurs, son tempérament un peu frivole et versatile en fait une personne difficile à comprendre et à définir.

- Si vous êtes né entre 5 h et 7 h, votre ascendant est le Lapin.

L'esprit vif, l'acuité intellectuelle et la finesse de cette Chèvre n'en font pas pour autant une personne sur laquelle on peut compter en tout temps. Elle sait être généreuse, mais tant que cela n'implique pas de sacrifice pour elle. La Chèvre ascendant Lapin vit au jour le jour.

- Si vous êtes né entre 7 h et 9 h, votre ascendant est le Dragon.

Le courage, le dynamisme et la vitalité du Dragon permettent à cette Chèvre de foncer dans la vie avec détermination et de poursuivre ses buts avec une grande confiance en soi. Elle a besoin, pour être heureuse, d'être admirée et adulée.

- Si vous êtes né entre 9 h et 11 h, votre ascendant est le Serpent.

La Chèvre ascendant Serpent est équilibrée, bourrée de talents et saura s'imposer sur tous les plans grâce à la puissance de ses convictions. Compétente, il est difficile, quand son idée est faite, de la faire changer d'opinion. Introvertie, elle ne dévoile ses sentiments qu'à très peu de gens.

- Si vous êtes né entre 11 h et 13 h, votre ascendant est le Cheval.

Incroyablement charismatique, expressive et extravertie, la Chèvre ascendant Cheval aime l'action, le mouvement et le changement. Par ailleurs, elle est très dépensière quand il s'agit de témoigner de sa distinction et de son élégance. Éprise de la vie, elle aime l'argent pour ce qu'il peut lui offrir et non pas pour l'amasser.

- Si vous êtes né entre 13 h et 15 h, votre ascendant est la Chèvre.

La Chèvre ascendant Chèvre prend la vie très, parfois trop, au sérieux. Bien qu'elle sache être charmante et aimable, elle est tellement susceptible et soupe au lait qu'on ne sait pas toujours comment la prendre. Par ailleurs, elle a une forte tendance à déléguer aux membres de son entourage les tâches les plus désagréables.

- Si vous êtes né entre 15 h et 17 h, votre ascendant est le Singe.

La Chèvre ascendant Singe est une personne positive qui sait voir les bons côtés à toutes choses. En outre, le Singe en elle lui procure une grande confiance en soi ainsi que juste assez d'humour pour être capable de dédramatiser la vie et de la prendre avec un grain de sel.

- Si vous êtes né entre 17 h et 19 h, votre ascendant est le Coq.

La ponctualité, la précision et la rigueur du Coq aident la Chèvre à organiser adéquatement son existence, particulièrement son quotidien. Un peu moins dépendante que beaucoup d'autres Chèvre, elle préfère quand même se laisser conduire que de conduire elle-même.

- Si vous êtes né entre 19 h et 21 h, votre ascendant est le Chien.

Logique, rationnelle et réfléchie, la Chèvre ascendant Chien est capable de faire face à la réalité sans paniquer à tout propos. Sensible, sentimentale et émotive, on la verra cependant rarement se complaire dans l'autoapitoiement. Un tempérament, somme toute, bien équilibré.

- Si vous êtes né entre 21 h et 23 h, votre ascendant est le Cochon.

Un peu moins sensible et sentimentale que les autres Chèvre, la Chèvre ascendant Cochon est une personne extrêmement attachante et sur laquelle on peut toujours compter en périodes sombres. Cependant, comme toutes les Chèvre, elle a aussi besoin d'être rassurée régulièrement.

La Chèvre à travers les années

L'année du Rat (1996, 2008)

Une excellente année pour la Chèvre. De la chance et de bonnes nouvelles. Côté professionnel, outre de nombreuses occasions tout à fait originales, il y a, soudain, plusieurs sources de revenus. Sur le plan affectif, les relations sont harmonieuses tant sur les plans amoureux qu'amical et familial. La Chèvre a, cette année, un goût prononcé pour le romantisme.

L'année du Bœuf (1997, 2009)

Pour la Chèvre, l'année du Bœuf sera beaucoup moins facile que la précédente. Les conflits se multiplient au travail et le temps manque pour accomplir tout ce qui doit être fait. Le pessimisme de la Chèvre atteint, en cette année, un sommet. Sur le plan financier, les gains sont moyens, voire insuffisants. La Chèvre est beaucoup sollicitée par les membres de la famille.

L'année du Tigre (1998, 2010)

En cette année du Tigre, la Chèvre doit économiser son énergie, la réserver pour se faire une place au soleil sur le plan professionnel. Les affaires de famille ne nécessitent pas vraiment sa présence. Sur le plan affectif, tout va bien. Si elle sait garder l'œil ouvert, il y aura de nouvelles rencontres très utiles et lucratives pour la Chèvre.

L'année du Lapin (1999, 2011)

Une année moyenne, même passable, pour la Chèvre. Elle aura à surmonter quelques obstacles, particulièrement sur le plan professionnel. Les délais et les retards s'accumulent, et la Chèvre va de déception en déception. Cependant, elle trouvera beaucoup de réconfort auprès de ses proches et recevra de l'aide de la part de ses amis. Attention, risques d'accidents!

L'année du Dragon (2000, 2012)

L'année du Dragon est un année d'austérité pour la Chèvre, faite de restrictions et d'économies. Les rentrées d'argent sont minces et forcent la Chèvre à se priver, ce qu'elle n'apprécie guère. Cependant, elle arrive à supporter cette situation avec un remarquable stoïcisme. Avec un peu de prudence, elle s'en sortira indemne.

L'année du Serpent (2001, 2013)

Une année très occupée, mais beaucoup plus facile que l'année précédente. La Chèvre regagne du terrain dans tous les domaines de sa vie. Certains contacts établis durant l'année du Dragon porteront des fruits. Même si elle en a vraiment envie, la Chèvre doit éviter d'effectuer des changements brusques, car il ne faut pas changer une formule gagnante. Une année difficile sur le plan de l'épargne.

L'année du Cheval (2002, 2014)

Une année tranquille, propice à un peu de détente et de relaxation. Aucun problème majeur à l'horizon. Que des petits pépins vite réglés. Les relations affectives et professionnelles sont paisibles et sereines. Sur le plan de la santé, il y a quelques malaises bénins, mais le repos en viendra rapidement à bout. Sur le plan financier, il faut tenir serrés les cordons de la bourse.

L'année de la Chèvre (2003, 2015)

En cette année qui porte son nom, la Chèvre doit se contenter de faire des projets, car cette période n'est pas favorable à l'entrepreneurship. Sur le plan professionnel, il y a risque de mise à pied ou de manque de travail temporaire, ce qui pourrait chambouler le budget, déjà plutôt amoché, de la Chèvre. Belle période, cependant, sur le plan social.

L'année du Singe (2004, 2016)

Une année bonne dans son ensemble. Sur le plan professionnel, il y a une promotion en vue et des retombées économiques d'investissements antérieurs qui portent enfin des fruits. Sur le plan affectif, des liens nouveaux se tissent; côté social, les amis sont une source de réconfort et de bonheur. La santé est excellente grâce à une vision positive de la vie.

L'année du Coq (2005, 2017)

En matière de dépenses abusives et excessives, la Chèvre, en cette année du Coq, se surpasse. Sa conduite inconsidérée occasionne de sérieux conflits au sein du couple. Elle doit apprendre à être moins égocentrique et à se préoccuper du bien-être de ses proches tout autant que du sien. Sur le plan professionnel, les rentrées ne sont pas suffisantes pour couvrir les dépenses.

L'année du Chien (2006, 2018)

Une année d'angoisse et de désarroi devant la cascade de malheurs qui s'abat sur la tête de la pauvre Chèvre. Les dettes s'accumulent, les liens affectifs se dégradent et les amis s'esquivent. La Chèvre profite de cette période pour cultiver sa spiritualité qu'elle a tendance à négliger en temps de bonne fortune. Ce n'est pas le temps d'investir ni de voyager.

L'année du Cochon (2007, 2019)

L'année du Cochon sera assurément meilleure que l'année précédente. La Chèvre se dégage tranquillement de ses problèmes, mais sa situation demeure tout de même très précaire. Elle ne doit pas crier victoire trop vite, car elle aura à faire face, encore cette année, à quelques difficultés. Cependant, elle pourra respirer un peu plus librement: le pire est passé.

Les compatibilités

Chèvre / Rat

La Chèvre et le Rat ont bien peu de choses en commun. Relation peu favorable, sans cesse ponctuée de petits malentendus. Cependant, pas de conflit majeur.

Chèvre / Bœuf

Voilà deux personnages qui ont bien de la difficulté à coopérer. C'est tout juste s'ils sont capables de se tolérer et de tolérer leurs différences.

Chèvre / Tigre

Une relation peu favorable, sauf peut-être sur le plan professionnel. S'ils deviennent amis, leur amitié sera de courte durée.

Chèvre / Lapin

Une merveilleuse relation d'amour et de complicité. Les affinités et les champs d'intérêt communs sont nombreux.

Chèvre / Dragon

Relation professionnelle moyenne; relation amoureuse déconseillée. Peu ou pas du tout de goûts communs.

Chèvre / Serpent

Une relation amoureuse possible, mais pas extraordinaire. Manque de complicité et de communication.

Chèvre / Cheval

Une des plus belles combinaisons! L'attraction est forte entre la Chèvre et le Cheval qui sont promis à une merveilleuse relation d'amour et de complicité.

Chèvre / Chèvre

Très belle combinaison tant sur le plan amoureux que sur le plan professionnel. Plusieurs champs d'intérêt communs et aucune rivalité entre elles.

Chèvre / Singe

Bien peu d'attirance entre la Chèvre et le Singe, car ils ont peu de goûts communs. Au mieux, une relation professionnelle moyenne.

Chèvre / Coq

La Chèvre et le Coq éprouvent l'un envers l'autre une réserve naturelle. Ils se tolèrent, mais c'est tout. Peu ou pas d'attirance.

Chèvre / Chien

Absolument incompatible! Une défiance mutuelle les sépare et les empêche de se fréquenter. Attirance nulle.

Chèvre / Cochon

Belle et bonne relation. Une combinaison heureuse tant sur le plan professionnel que sur le plan affectif. Bonne communication et compréhension mutuelle.

LE SINGE

Nom chinois: HOU
Ordre parmi les signes: 9^{e}
Polarité: +
Élément invariable: Métal
Signe zodiacal correspondant: Lion
Mois: Août
Saison: Été
Direction: Ouest-sud-ouest
Heures où l'influence du Singe prédomine: 15 h à 17 h

Les années du Singe

Début du cycle	Fin du cycle	Élément
2 février 1908*	21 janvier 1909**	Terre
20 février 1920	7 janvier 1921	Métal
6 février 1932	25 janvier 1933	Eau
25 janvier 1944	12 février 1945	Bois
12 février 1956	30 janvier 1957	Feu
30 janvier 1968	16 février 1969	Terre
16 février 1980	4 février 1981	Métal
4 février 1992	22 janvier 1993	Eau
22 janvier 2004	8 février 2005	Bois

* Si vous êtes né le 1er février 1908, votre emblème est la Chèvre.

** Si vous êtes né le 22 janvier 1909, votre emblème est le Coq.

L'année du Singe

L'année du Singe est, pour tous les individus, une année de travail, de grandes occasions et de progrès dans tous les domaines.

C'est le temps idéal pour mettre sur pied l'entreprise dont vous rêvez depuis si longtemps, car tous les éléments sont en place pour en faire une réussite.

L'année du Singe est celle des affaires, des spéculations, des transactions diverses, de la finance et du commerce. Le marché est à la hausse et c'est le temps d'en profiter. Heureux seront les individus qui aiment jouer, spéculer, parier, car certains risques rapporteront beaucoup aux téméraires et à ceux que l'on a coutume de qualifier de casse-cou.

En cette année du Singe, on dirait que tous les gens d'affaires se métamorphosent en prestidigitateurs pour faire de toutes les opérations financières, même celles qui paraissent à première vue irréalistes et irréalisables, de lucratifs succès.

Tous les gens qui auront envie de se lancer dans l'aventure commerciale de l'année du Singe devront laisser libre cours à leur ingéniosité, à leur habileté intellectuelle, à leur astuce, à leur rapidité d'esprit et se tenir sans cesse à l'affût des occasions afin d'être au bon endroit, au bon moment.

Une année où nul ne doit faire trop de concessions ou de compromis, car les renoncements et les capitulations ne sont pas de mise. Les ressources sont nombreuses et variées, il ne suffit que de les trouver et d'avoir le courage de les saisir.

La personnalité du Singe

QUALITÉS: Extrême souci du détail, perspicacité, séduction, charme, fascination, polyvalent, curieux, optimiste, clairvoyant, diplomate, grande confiance en soi, don de la communication, astuce, énorme capacité de travail.

DÉFAUTS: Vaniteux, complexe de supériorité, roublardise, égoïsme, bavardage futile, mauvais contrôle de ses émotions, méfiant, manipulateur.

Plein de ressources multiples, le Singe, innovateur, curieux et bourré d'imagination, vise l'accomplissement personnel sur tous les plans. Sa principale préoccupation: lui-même!

C'est un être original, indépendant, autonome, fin stratège et sans aucun doute le plus intelligent de tous les emblèmes chinois.

Rusé, astucieux, habile, il possède un flair particulier et étonnant pour détecter aussi bien les avantages d'une bonne affaire que les pièges d'une mauvaise.

À la fois réaliste et rêveur, compétitif, amoureux du défi, magnétique et intuitif, le Singe réussira, peu importe son domaine de prédilection. Car son esprit vif et ses talents de négociateur lui ouvrent toutes les portes.

Il ne faut jamais sous-estimer la force, l'efficacité et l'esprit alerte du Singe. Doté d'une incommensurable confiance en soi, qui frise parfois le complexe de supériorité, il a besoin d'être toujours le premier et le meilleur en tout; comme il n'agit, sur les plans professionnel, social ou amoureux, que lorsqu'il est fin prêt, il remporte très souvent la victoire. Quelle qu'elle soit, soyez assuré qu'il la célébrera avec faste, fracas et, bien sûr, un peu d'arrogance toujours légèrement teintée de dédain pour ses adversaires déconfits.

Impénétrable, indéchiffrable, énigmatique, le Singe est doté d'une insatiable curiosité qui le pousse à tenter sans cesse de nouvelles expériences. D'une impressionnante polyvalence, c'est avec une facilité déconcertante et un réel plaisir qu'il s'adapte à n'importe quelle situation. En outre, il adore être placé en situation de compétition ou de rivalité, car cela lui permet de mettre à contribution toute son ingéniosité et sa ruse.

Excellent orateur, il possède une remarquable mémoire et une acuité intellectuelle qui font en sorte qu'il n'a aucune difficulté, quand il décide de se vendre ou de vendre une idée, à convaincre ses interlocuteurs.

Mais le natif du Singe a beau être le plus intelligent de tous, cela ne lui donne pas que des qualités.

Égoïste, cet illustre manipulateur a tendance à être narcissique et jaloux. Professionnellement envieux, il a du mal à accepter que d'autres aient un salaire, une promotion, des compliments auxquels lui n'a pas droit.

Le Singe est un grand amoureux de la vie. Il aime les choses luxueuses, apprécie la beauté sous toutes ses formes et prend plaisir à faire la fête et à courir les réunions mondaines.

Sur le plan amoureux, il fascine et envoûte les personnes du sexe opposé. Le partenaire idéal devra lui fournir toute l'admiration dont il a besoin et être prêt, en outre, à fermer les yeux sur certains de ses écarts de conduite. Car le Singe a beaucoup de mal à résister à la tentation de sauter la clôture.

Les cinq grands types de Singe

Le Singe de métal (1860, 1920, 1980)

Comme le Singe de métal cherche avant tout la sécurité financière, il n'aime pas prendre des risques et faire des investissements irréfléchis. Ses placements seront donc toujours très sages et avisés.

Enthousiaste, ardent, chaleureux, occasionnellement fanatique, le Singe de métal caresse de hautes ambitions. Comme c'est un excellent vendeur tant pour ses idées que pour sa remarquable force de travail, nul doute qu'il réussira admirablement bien sa carrière professionnelle.

Créatif, pratique, tenace, résolu, acharné et persistant, il préférera toujours, quand cela lui est possible, exercer une profession autonome plutôt que de travailler pour quelqu'un d'autre.

Extrêmement combatif, c'est un excellent gestionnaire et un négociateur hors pair qui possède, en outre, le don de convaincre et de persuader les autres de se rallier à sa cause, à ses idées, à ses projets.

Sur le plan affectif, c'est un extraverti qui n'a aucun mal à exprimer ses émotions et à démontrer son affection.

Généralement positif et optimiste, le Singe de métal pèche parfois par excès d'analyse. Il veut tellement être certain de ne pas se tromper, et ce, dans tous les domaines de sa vie, qu'il finit par couper les cheveux en quatre.

Loyal et fidèle, il l'est d'abord et avant tout envers lui-même.

Le Singe d'eau (1872, 1932, 1992)

Les idées du Singe d'eau rencontrent rarement d'opposition ou de résistance, car elles sont toujours émises avec astuce, ingéniosité, diplomatie et originalité. En fait, la force de ce type de Singe réside dans sa capacité à présenter toujours le bon côté des choses.

Sociable, il fait preuve de beaucoup de tact dans ses relations avec autrui. Par ailleurs, il possède un flair étonnant, presque prodigieux, quasiment prophétique en ce qui concerne les affaires. En outre, le Singe d'eau est un individu pour qui la connaissance de la nature humaine est importante. Il est très respectueux de ce que les autres ont à dire et les écoute volontiers parler d'eux des heures durant.

Comme son élément, l'eau, ce Singe trouve toujours le moyen de se glisser entre toutes les barrières et d'abattre tous les obstacles qui traversent son chemin. Pratique, méthodique, excellent collaborateur ou associé, il sait se montrer extrêmement patient dans la poursuite de ses objectifs et n'hésite pas, au besoin, à prendre quelques risques.

Perspicace, il a compris qu'à l'occasion, tout individu doit savoir faire des compromis.

Original et intuitif, le Singe d'eau possède une nature secrète. Et quand il s'égare dans les méandres de la psychologie humaine, il a tendance à devenir confus et instable. Il perd alors un peu de son équilibre, mais il se reprend généralement très rapidement. Attention de ne pas le blesser, car sous ses dehors d'individu coriace se cache un cœur tendre et sensible!

Le Singe de bois (1884, 1944, 2004)

Ce qui semble être le plus important pour le Singe de bois, c'est la communication. Il apprécie et cherche toutes les occasions de rencontrer des gens et d'échanger avec eux, dans le but d'augmenter sa connaissance de la nature humaine. Cependant, il ne se mêle jamais des affaires d'autrui sans y être expressément invité.

Conscient de tout ce qui l'entoure et doté d'une remarquable intuition, il voit venir les choses et se dessiner les événements, à la manière d'un prophète, bien avant tout le monde.

Rangé, réservé, ordonné, fier et ambitieux, le Singe de bois, comme tous ses congénères, recherche les honneurs, la renommée, la notoriété et la considération publique qu'il tentera d'atteindre à travers les défis qu'il relèvera tout au cours de sa vie.

Sur le plan professionnel, il est prudent et avisé, et ne prend jamais de risques non calculés. Son but ultime: rien de moins que de bâtir un empire! Il a même tendance, parfois, à voir un peu trop grand et trop loin, ce qui l'empêche de mettre toute l'énergie et toute l'attention requises aux tâches présentes.

Perfectionniste à l'extrême et éternellement insatisfait de lui-même, le Singe de bois, cent fois sur le métier, remet son ouvrage...

Le Singe de feu (1896, 1968, 2028)

Énergique, extraverti, résolu, le Singe de feu est un chef, un commandant de troupes parfaitement capable de diriger, de guider, de former et d'éduquer des foules.

Vif, expressif, compétitif et amoureux du défi, il n'est pas toujours suffisamment prudent dans ses entreprises. Il aime spéculer, mais il calcule parfois plutôt mal les risques, ce qui le met dans des situations pour le moins épineuses. Mais, grâce à sa ruse et à son intelligence, il s'en sort toujours, bien entendu, sain et sauf.

La créativité du Singe de feu, inventif et innovateur, naît de son impérieux besoin d'évoluer constamment, de grandir et aussi d'accroître sa notoriété. Sur le plan professionnel, comme tous les Singe, il vise le sommet de l'échelle sociale. Et nul doute qu'il y parviendra, car il est incontestablement le plus fort, le plus dynamique mais aussi le plus chanceux de tous les Singe.

Pionnier dans l'âme, il cherchera toute sa vie à découvrir le filon encore inexploité. Sur le plan affectif, les personnes du sexe opposé exercent, à la manière d'aimants, un attrait irrésistible et irrépressible sur le Singe de feu. Peu fidèle lui-même, il est cependant d'une grande jalousie envers son partenaire.

Le Singe de terre (1908, 1968, 2028)

Le seul Singe véritablement généreux et charitable est le Singe de terre. Réaliste et plus sérieux que ses congénères, il a tout de même besoin d'être admiré et adulé, même si ce besoin est moins impérieux chez lui que chez ses semblables.

En réalité, le Singe de terre entend bien être reconnu pour ses talents et ses compétences. Gare à ceux qui négligent de le complimenter ou de le louanger, car il devient alors insolent, discourtois et cynique!

Réaliste, terre à terre et studieux, il sera de ceux qui étudient toute leur vie. Curieux, plus intellectuel que sportif, il cherchera toujours à augmenter ses connaissances car, pour lui, la culture est le passeport pour la liberté et un moyen d'augmenter son savoir en ce qui concerne l'être humain dans toute sa complexité.

Le Singe de terre est un individu intègre, honnête, digne de confiance et très respectueux des lois. Vous ne verrez jamais ce natif braver les règles établies ni s'engager dans des affaires louches ou illicites.

Moins égocentrique et égoïste que ses congénères, le Singe de terre est capable de donner de façon désintéressée, ce qui le rend très populaire auprès des membres de son entourage. En outre, il est très dévoué, aimant et serviable.

Cependant, comme il est doté d'une mémoire quasi infaillible, il se souviendra longtemps d'un affront et aura beaucoup de mal à pardonner.

Les ascendants du Singe

- Si vous êtes né entre 23 h et 1 h, votre ascendant est le Rat.

Resplendissant, éblouissant, flamboyant, le Singe ascendant Rat aime la vie et profite au maximum de tout ce qu'elle a à offrir. Un peu avare, il aime bien amasser les richesses et compter son argent. Mais cela ne l'empêche pas de s'offrir ce dont il a envie et de se gâter un peu.

- Si vous êtes né entre 1 h et 3 h, votre ascendant est le Bœuf.

Sérieux et discipliné, le Singe ascendant Bœuf peut parfois paraître terne et ennuyeux, mais il sait quand même apprécier la vie et avoir du plaisir. Pour lui, la vie n'est pas une rigolade perpétuelle. Digne de confiance, il est aussi digne tout court!

- Si vous êtes né entre 3 h et 5 h, votre ascendant est le Tigre.

Le Singe ascendant Tigre est doté d'une grande confiance en soi qui frise parfois l'arrogance et la prétention. Dynamique et énergique, il est aussi exubérant et puissant. Par ailleurs, il est têtu et ne se fie qu'à son propre jugement pour prendre ses décisions.

- Si vous êtes né entre 5 h et 7 h, votre ascendant est le Lapin.

Psychiquement très puissant, doté d'une remarquable intuition, prudent, avisé et circonspect, le Singe ascendant Lapin est beaucoup moins égocentrique que les autres Singe. Il bâtit sa vie en harmonie avec son environnement et avec les forces qui l'habitent. Il est également sociable et populaire.

- Si vous êtes né entre 7 h et 9 h, votre ascendant est le Dragon.

Le Singe ascendant Dragon est extrêmement, voire excessivement ambitieux. Il voudrait tout avoir, et rapidement. Déterminé et plein de confiance en soi, il a tendance à voir toujours un peu trop grand, un peu trop beau et un peu trop haut.

- Si vous êtes né entre 9 h et 11 h, votre ascendant est le Serpent.

Le Singe ascendant Serpent est un être rusé et astucieux. Son intuition ressemble parfois à de la clairvoyance. Souple, intelligent et perspicace, il est également doté d'une grande sagesse. À le voir deviner les motivations des gens, on le croirait doté d'une puissance divine et magique.

- Si vous êtes né entre 11 h et 13 h, votre ascendant est le Cheval.

N'obéissant qu'à son propre code moral, le Singe ascendant Cheval aime bien être celui qui établit les règles du jeu. Inconstant, il manque souvent de persévérance. Volage, il préfère jouer et faire la fête plutôt que de s'atteler à des tâches qui exigent d'avoir le sens des responsabilités.

- Si vous êtes né entre 13 h et 15 h, votre ascendant est la Chèvre.

Le Singe ascendant Chèvre est un opportuniste. En outre, il est très capricieux, changeant et fantasque. Rêveur impénitent, c'est un irréductible romantique. Il aime l'argent et les belles choses, mais il n'a pas toujours la persévérance et la détermination qu'il faut pour les obtenir. Heureusement pour lui, il est né sous une étoile de chance.

- Si vous êtes né entre 15 h et 17 h, votre ascendant est le Singe.

Outrageusement optimiste, le Singe ascendant Singe est un être chez qui le plaisir du défi et de la compétition passe avant tout. Il mord dans la vie avec ardeur et passion, et répète à qui veut l'entendre que la fin justifie les moyens. Doté d'un merveilleux sens de l'humour, c'est un joyeux compagnon.

- Si vous êtes né entre 17 h et 19 h, votre ascendant est le Coq.

Original, aventurier, le Singe ascendant Coq nourrit de grandes espérances. Avec un tel compagnon auprès de soi, les rêves les plus fous peuvent devenir des réalités. Sa remarquable foi nourrit sa confiance en soi et il s'arrange toujours pour avoir les moyens nécessaires pour réaliser ses plans.

- Si vous êtes né entre 19 h et 21 h, votre ascendant est le Chien.

Le Singe ascendant Chien est un être extrêmement populaire, et ce, grâce à son humour caustique et satirique dont se délectent les membres de son entourage. Il a le don de dédramatiser toutes les situations par un simple trait d'esprit. Il est peu mondain.

- Si vous êtes né entre 21 h et 23 h, votre ascendant est le Cochon.

Conciliant, d'une nature facile et souple, le Singe ascendant Cochon accorde plus d'importance au fait de jouir de la vie que de se faire un nom célèbre. Bien qu'il attache une importance capitale à sa réputation, il ne vit pas que pour atteindre les sommets. Il est cependant redoutable en affaires.

Le Singe à travers les années

L'année du Rat (1996, 2008)

Une belle année en perspective pour le Singe. Les petits problèmes se résolvent rapidement et, côté financier, c'est la prospérité. Sur le plan professionnel, c'est une bonne période pour obtenir de l'avancement, une promotion ou une augmentation de salaire. Sur le plan conjugal, les relations sont harmonieuses et les réunions familiales, plus nombreuses.

L'année du Bœuf (1997, 2009)

Pour le Singe, l'année du Bœuf en est une de restrictions tant sur le plan financier qu'en ce qui concerne les sorties et les divertissements de tous genres. Côté familial, l'atmosphère est sereine bien qu'elle paraisse parfois ennuyante à force d'être trop tranquille. Il faut, en cette année, que le Singe réprime un peu ses ambitions, car les progrès seront lents et minimes.

L'année du Tigre (1998, 2010)

Une année faite d'instabilité, de changements de toutes sortes et de nombreux pépins dérangeants, même s'ils sont de peu d'importance. Le Singe doit se garder d'investir dans de nouvelles entreprises. Il doit à tout prix consolider ses acquis afin de les rendre inattaquables et imprenables pour ses adversaires. Possibilité de déménagement.

L'année du Lapin (1999, 2011)

Un revirement complet de la situation pour le Singe en cette année du Lapin. Il reçoit de l'aide de toutes parts, ce qui lui donne un excellent coup de pouce sur le plan des affaires. Tout semble rentrer dans l'ordre. Le Singe se remet à sortir un peu, met du piquant dans sa vie conjugale, est autorisé à prendre des risques sur le plan professionnel et, malgré ses gains encore plutôt modestes, il peut même se permettre quelques folies.

L'année du Dragon (2000, 2012)

En cette année du Dragon, c'est en ce qui a trait à la connaissance, de soi, des choses et des autres que se font les gains. Il y a recyclage professionnel. Bien que ces gains financiers ne soient pas encore tangibles, ils porteront des fruits un peu plus tard. Une certaine sagesse enveloppe le Singe, naturellement instable, et lui permet d'affronter la vie avec plus de sérénité.

L'année du Serpent (2001, 2013)

C'est grâce aux amis que le Singe arrivera à passer à travers l'année du Serpent sans y laisser trop de plumes! Si les affaires professionnelles vont bien, il n'en est pas de même sur le plan affectif. La famille est source de querelles et d'inquiétudes et, côté amoureux, cela ne vaut guère mieux. Le Singe doit prendre son mal en patience et éviter tout affrontement.

L'année du Cheval (2002, 2014)

L'année du Cheval est, somme toute, plutôt favorable pour le Singe. Certes, les frustrations et les conflits sont nombreux, mais si le Singe arrive à tempérer son impatience et à restreindre quelque peu ses espoirs et ses attentes, les conflits vont se résorber d'eux-mêmes. Par ailleurs, il ne serait pas superflu qu'il cesse un peu de parler et qu'il écoute ce que les autres ont à dire.

L'année de la Chèvre (2003, 2015)

L'année de la Chèvre n'est pas de tout repos pour le Singe. Elle le tient actif et le contraint à s'engager plus que de coutume. Sur le plan professionnel, il fait des rencontres très utiles et financièrement rentables. Cependant, il ne lui reste que bien peu de temps à consacrer à la bagatelle et à la famille. Attention au surmenage!

L'année du Singe (2004, 2016)

Excellente année pour le Singe! C'est la période idéale pour mettre sur pied de nouvelles entreprises, de nouveaux projets. Par ailleurs, il reçoit, de part et d'autre, la reconnaissance sociale qui lui est due, ce qui a le pouvoir de lui injecter une énergie nouvelle. Par contre, il souffre plus que de coutume de migraines et d'autres malaises imputables à la fatigue.

L'année du Coq (2005, 2017)

En cette année du Coq, le Singe, totalement submergé par le travail, a tendance à négliger la famille et les amis. Sur le plan financier, les gains sont relativement abondants, mais il en veut encore plus. Il passe la majeure partie de cette année à tenter d'établir le plus grand nombre possible de contacts professionnels influents.

L'année du Chien (2006, 2018)

Une année difficile pour le Singe qui doit négocier avec des partenaires indignes de confiance qui le laissent tomber malgré des engagements formels. Cela le met dans une situation embarrassante tant sur les plans professionnel que financier. En conséquence, il subit quelques pertes et quelques blessures d'orgueil. Il découvre toutefois qui sont les gens sur qui il peut véritablement compter.

L'année du Cochon (2007, 2019)

Une bonne année pour le Singe à condition qu'il apprenne à faire des compromis. Quand on ne peut éliminer des adversaires redoutables, il vaut mieux parfois se joindre à eux. Par ailleurs, il est conseillé, en cette année du Cochon, de rester sur ses gardes en tout temps et de ne faire confiance à personne. En outre, pour les prochains mois, le Singe doit tenir serrés les cordons de la bourse.

Les compatibilités

Singe / Rat

Beaucoup d'affinités entre le Singe et le Rat qui sauront très certainement trouver ensemble amour et bonheur.

Singe / Bœuf

Une relation rarement durable, car elle est sans profondeur. Il existe entre le Singe et le Bœuf une insurmontable barrière de communication.

Singe / Tigre

Incompatibilité totale. Relation de méfiance, de rivalité et d'incompréhension.

Singe / Lapin

Entre le Singe et le Lapin, il n'y a guère d'affinités et beaucoup trop de compétitivité pour que cette union soit durable.

Singe / Dragon

Grande compatibilité. Relation idéale. Union heureuse et prospère sur les plans amoureux et professionnel.

Singe / Serpent

Combinaison hautement incompatible. Entre le Singe et le Serpent, il existe de sérieux problèmes de communication. Aucun d'eux n'est prêt à faire de concessions.

Singe / Cheval

Belle relation, mais sans grande passion. Idéal pour une relation ami / amant ou pour une relation professionnelle.

Singe / Chèvre

Belle relation courtoise, polie, cordiale, mais décidément sans passion et sans originalité.

Singe / Singe

Une relation moyennement favorable basée sur le partage de buts communs, le travail d'équipe et une certaine complicité.

Singe / Coq

Une relation qui ne dépasse pas vraiment la stricte tolérance. Toutefois, la communication peut s'établir si chacun y met du sien.

Singe / Chien

Une complicité moyenne à réserver pour l'amitié amoureuse. Le Singe et le Chien éprouvent l'un pour l'autre respect et considération.

Singe / Cochon

Le Singe et le Cochon partagent de nombreux champs d'intérêt et forment un joyeux tandem tant sur le plan amoureux que sur le plan professionnel.

LE COQ

Nom chinois: JI
Ordre parmi les signes: 10e
Polarité: –
Élément invariable: Métal
Signe zodiacal correspondant: Vierge
Mois: Septembre
Saison: Automne
Direction: Ouest
Heures où l'influence du Coq prédomine: 5 h à 7 h

Les années du Coq

Début du cycle	Fin du cycle	Élément
22 janvier 1909*	9 février 1910**	Terre
8 février 1921	27 janvier 1922	Métal
26 janvier 1933	13 février 1934	Eau
13 février 1945	1er février 1946	Bois
31 janvier 1957	17 février 1958	Feu
17 février 1969	5 février 1970	Terre
5 février 1981	24 janvier 1982	Métal
23 janvier 1993	9 février 1994	Eau
9 février 2005	28 janvier 2006	Bois

* Si vous êtes né le 21 janvier 1909, votre emblème est le Singe.

** Si vous êtes né le 10 février 1910, votre emblème est le Chien.

L'année du Coq

L'année du Coq est celle où les individus, en général, pèchent par un excès d'optimisme et de confiance en soi. Une année, aussi, durant laquelle s'élaborent les plans et les projets les plus insensés.

De façon générale, tout le monde aura envie d'exercer sa domination sur autrui, dans les petites comme dans les grandes choses. Évidemment, cette fâcheuse tendance risque de provoquer des affrontements, des querelles, des conflits et de bien nombreuses frustrations de part et d'autre.

La frivolité et les investissements à risques de l'année du Singe ont laissé des séquelles que les gens doivent s'appliquer sinon à réparer totalement, tout au moins à adoucir.

Sur le plan financier, les gains seront minimes et la somme de travail à investir, gigantesque. En cette période peu prospère, toutes les entreprises qui comportent le moindre risque sont à proscrire. Les individus retrouveront la paix et la prospérité aux conditions suivantes. D'abord, exercer un parfait contrôle de leur budget, puis arrêter de parler pour ne rien dire, ensuite cesser de rêver et de philosopher devant une bière ou un café et, enfin, se mettre au travail.

Le secret, en fait, est de rester pratique, pragmatique et réaliste en n'entretenant pas d'ambitions démesurées et en ne compliquant pas, à plaisir, les choses toutes simples et faciles.

La personnalité du Coq

QUALITÉS: Orgueil, dignité, fierté, enthousiasme, remarquable éloquence, sérieux, perfectionnisme, dynamisme, réflexes aiguisés, très habile dans la gestion et la planification, expressif, persuasif, émotif, tendre et vulnérabilité non apparente.

DÉFAUTS: Entêtement, prétention, arrogance, suffisance, manque de tact et de diplomatie, puissant ego, critique, soupe au lait, fanatique des détails.

Le Coq est un incorrigible idéaliste, épris de justice, qui voudrait avoir le pouvoir de vaincre la misère et la faim à l'échelle mondiale, de venir en aide aux indigents, de consoler les malheureux et de remettre un peu d'ordre sur cette planète chaotique. Philosophe, original, fantaisiste, expressif et introverti à la fois, le Coq vise l'accomplissement de soi.

Bon administrateur, consciencieux, perfectionniste, il possède le sens du commandement et une personnalité théâtrale et dramatique. Vif, charmant, élégant, plutôt excentrique, il est attiré par les arts de la scène; il aime briller en société, attirer l'attention, être le centre d'attraction de toutes les réunions. À cet égard, cependant, il faut préciser que le Coq n'est pas toujours régulier dans son comportement. En fait, soit il prend toute la place et assume parfaitement son rôle de vedette en parlant avec une énergie et une verve colorées, drôles et intelligentes, soit il se terre en coulisses, se contentant d'observer le comportement de ses pairs et de prendre des notes.

Observateur, le Coq est toujours très bien informé, que ce soit sur le plan de la culture générale ou sur celui des actualités quotidiennes.

Côté professionnel, c'est un travailleur imbattable qui ne compte jamais ses heures et qui ne ménage pas son énergie. Exigeant pour lui comme pour les autres, il est entreprenant, dynamique et autonome. C'est toujours avec du regret dans les yeux que les patrons le regardent partir pour lancer sa propre entreprise.

Le Coq est un excellent gestionnaire, probablement le meilleur de tous les signes de l'horoscope chinois. Il est économe, responsable, précis et, malgré son souci maniaque du détail, il est tout de même capable d'avoir, sur les choses et sur les événements, une vision globale.

Bien qu'il soit un excellent orateur, sa maladresse et son manque de tact sont légendaires. En outre, il est d'un entêtement proverbial. Il a besoin d'avoir toujours raison et fera toujours tout ce qui est en son pouvoir pour rallier les gens à son opinion et à sa façon de voir les choses. Comme il peut être très convaincant dans ses arguments, il y arrive très souvent.

Le Coq apprécie les compliments. Il aime aussi que son travail et ses compétences soient reconnus. Par ailleurs, ce natif a la fâcheuse tendance à disperser ses énergies. Il doit absolument déterminer ses ambitions selon ses ressources et cesser de s'acharner sur des missions impossibles.

Dans le quotidien, le Coq est un être qui a besoin, pour être heureux et à l'aise, d'un environnement sain, propre et ordonné. Il est du genre à mettre un peu partout des notes dans la maison afin de rappeler aux membres de la famille que chaque chose a une place. Il aime aussi posséder une trousse de premiers soins garnie comme celle des ambulanciers, au cas où!

Le petit côté négatif du Coq s'exprime dans sa tendance à être très susceptible, à sermonner sans fin et à évoquer sans cesse les erreurs du passé commises par les autres.

Les cinq grands types de Coq

Le Coq de métal (1861, 1921, 1981)

Logique, raisonnable, pratique, travailleur acharné et passionné, le Coq de métal sait ce qu'il veut, a une opinion sur tout et son attitude de forte tête rend stérile toute tentative pour le faire changer d'idée.

Incorrigible optimiste, il est doté d'un remarquable pouvoir de séduction et il n'a aucun mal à subjuguer un auditoire, quel qu'il soit.

Par ailleurs, il aime bien être la vedette et afficher, avec ostentation, sa grâce, ses dons multiples et son magnifique plumage. En outre, si le Coq de métal est fier de lui, de son image, il est aussi fier de son environnement. Il a un impérieux besoin, pour s'épanouir, d'ordre et de propreté.

Sur le plan professionnel, il est extrêmement rationnel et possède un des esprits les plus analytiques qui soient. Ces deux qualités, la rationalité et l'esprit d'analyse, sont si excessives chez le Coq de métal qu'elles en arrivent à lui nuire. À force de vouloir tout analyser, décortiquer, éplucher et rationaliser, il perd du temps, ce qui donne libre cours aux plus malins et aux plus aventureux que lui.

Côté amoureux, le partenaire du Coq de métal doit être prêt non seulement à se laisser examiner physiquement sous toutes ses coutures, mais aussi à se faire psychanalyser! C'est sous le couvert de la bravade et de la fanfaronnade que ce tendre Coq camoufle ses véritables émotions.

Le Coq d'eau (1873, 1933, 1993)

Le Coq d'eau est le plus intellectuel des Coq. Son inextinguible soif de culture fait qu'il est toujours en train d'étudier quelque chose. Vous le trouverez généralement le nez plongé dans un livre ou en train d'écrire, car l'écriture lui est d'un grand soutien pour faire passer ses idées.

Énergique, pratique, il est, comme tous les Coq, un excellent orateur. Il possède un talent inné pour faire agir et réagir les foules.

La fascination qu'exercent sur lui toutes les nouvelles technologies en font un maître de l'informatique, domaine dans lequel il excellera s'il met un peu de côté son obsession de la perfection et son désir absolu de vouloir savoir à tout prix comment ça marche!

Bien que le Coq d'eau possède une bonne capacité de travail et un sens inné de l'initiative, il ne dédaigne pas, à l'occasion, utiliser les gracieux services des autres pour accomplir les tâches pour lesquelles il n'éprouve pas grand intérêt.

Sur le plan affectif, c'est un être excessivement fier et orgueilleux, facile à blesser, qui cache sa vulnérabilité sous une fausse robustesse.

Quand la situation n'est pas à son avantage, le Coq d'eau est capable de faire, de bonne grâce, les compromis qui s'imposent. Par ailleurs, quand il subit de grands stress, il perd facilement le sens des réalités.

Le Coq de bois (1885, 1945, 2005)

Le Coq de bois est celui, de tous les Coq, qui a la plus grande ouverture d'esprit. Enthousiaste, il éprouve un irrésistible penchant pour les projets grandioses et parfois, avouons-le, insensés.

Exubérant, démonstratif, extraverti, il aime le mouvement et, par-dessus tout, les changements orientés vers le progrès, l'évolution, le développement, la croissance. Avec un tel Coq, au diable le passé et vive l'avenir! Cependant, cette fâcheuse manie qu'il a de ne pas apprendre de ses erreurs passées lui fait se mettre les pieds dans les plats plus souvent qu'à son tour.

Quand il agit avec franchise et honnêteté, le Coq de bois accomplit de remarquables performances et gagne toujours. Sociable, il doit apprendre à devenir un peu plus souple et ne pas vouloir toujours, à tout prix, établir ses propres règles, car ce comportement a tendance à indisposer royalement les membres de son entourage.

Malgré cela, le Coq de bois est un être plein de compassion à l'égard des autres. Il veillera toujours sur ceux qu'il aime et se chargera, sans jamais faillir, d'assumer leur bien-être.

Sa réputation d'excellence, alliée au fait qu'on peut lui faire confiance en tout temps, lui procurera la reconnaissance sociale à laquelle il a droit. Un grand personnage qui fera de sa vie un rêve éveillé s'il évite de sombrer dans l'utopie.

Le Coq de feu (1897, 1957, 2017)

C'est incontestablement le plus autoritaire et le plus inflexible de tous les Coq.

Charismatique, il caresse de hautes ambitions. Intense en tout, il possède toutes les aptitudes requises pour atteindre ses buts à condition, toutefois, qu'il évite de sombrer dans le fanatisme.

Sur le plan professionnel, aucun compromis n'est possible avec un tel Coq. Perfectionniste comme tous ses congénères, il analyse tout dans les moindres détails. Par moments, ce perfectionnisme à outrance le rend même inquisiteur et soupçonneux, ce qui cause des affrontements majeurs avec les membres de son entourage.

Vigoureux, doté d'un remarquable leadership et d'un sens de l'organisation peu commun, le Coq de feu fera toujours preuve d'un grand professionnalisme et respectera le code d'éthique lié à sa profession.

Comme il est animé d'intentions nobles, il n'a que faire de l'opinion des autres. Il puise en lui sa détermination et sa motivation. Il préférera toujours le travail autonome au travail d'équipe, car il aime décider de tout et ne fait confiance qu'à lui-même.

Dans la poursuite de ses objectifs, il ne se départit jamais de ses stricts principes. Aucunement opportuniste, il est indépendant, fier et orgueilleux comme un paon. Le Coq de feu est à l'image de son élément: flamboyant et chaleureux, mais parfois impossible à contrôler.

Le Coq de terre (1909, 1969, 2029)

C'est un Coq qui ne craint pas de prendre ses responsabilités et qui adore, en outre, prendre la parole pour haranguer les membres de son entourage afin de les inciter à travailler toujours plus et plus fort.

Leader-né, c'est avec beaucoup de confiance qu'on peut remettre au Coq de terre les rênes du pouvoir, car il agit toujours avec discernement et perspicacité quand il doit répartir le travail et les tâches au sein d'une équipe. D'ailleurs, c'est invariablement à lui qu'il réserve la partie la plus difficile.

Extrêmement critique, il est difficile de lui plaire et, comme il n'est pas du genre à complimenter à tout propos, quand on reçoit une éloge de ce type de Coq, on la savoure et on la déguste, car elle vaut très certainement son pesant d'or.

Dogmatique, sérieux, studieux, analytique, le Coq de terre est toujours à la recherche de la vérité. Tout ce qu'il fait, il le fait pour la postérité. Il veut laisser sa trace et nul doute qu'il y arrivera.

Franc et direct, parfois brusque et brutal, on lui reproche souvent de manquer de tact et de diplomatie quand il s'adresse aux gens.

Le Coq de terre ne cherche pas le vedettariat et, dans une certaine mesure, il préfère l'ombre à la lumière. Son style de vie est austère et simple, sévère et parfois même spartiate.

Les ascendants du Coq

- Si vous êtes né entre 23 h et 1 h, votre ascendant est le Rat.

Le Coq ascendant Rat est un diplomate qui arrive toujours à argumenter avec tact et doigté. Il aime les longues discussions et possède l'art de faire valoir ses idées. C'est un être charmant, plein de curiosité et de séduction. Il est très sociable et est toujours de toutes les fêtes.

- Si vous êtes né entre 1 h et 3 h, votre ascendant est le Bœuf.

Qu'il est difficile de tenir tête à un tel Coq! Quant à avoir le dessus sur lui dans une discussion ou une épreuve, cela reste encore à faire. Les mesures qu'il utilise pour affronter ses problèmes sont parfois si draconiennes et disproportionnées que le remède est pire que le mal.

- Si vous êtes né entre 3 h et 5 h, votre ascendant est le Tigre.

Charismatique et chaleureux, le Coq ascendant Tigre est un être doté d'innombrables aptitudes et talents. Cependant, son tempérament cyclothymique en fait un être difficile à comprendre. Ses actions, souvent contradictoires et imprévisibles, déroutent les gens de son entourage.

- Si vous êtes né entre 5 h et 7 h, votre ascendant est le Lapin.

Fier, perspicace et digne de confiance, le Coq ascendant Lapin est la personne sur laquelle on peut compter en temps de crise, car il sait garder son sang-froid en toutes circonstances. Calme et persévérant, il atteint toujours les buts qu'il se fixe grâce, entre autres, à sa capacité de mystifier tout le monde par le *bluff*.

- Si vous êtes né entre 7 h et 9 h, votre ascendant est le Dragon.

Guerrier, le Coq ascendant Dragon est un redoutable adversaire qui possède le don de trouver les points faibles de ses vis-à-vis et d'en tirer le plus grand profit possible. Intelligent et doté d'une remarquable mémoire, il est très ardu de lutter contre lui. Mieux vaut s'en faire un ami qu'un ennemi.

- Si vous êtes né entre 9 h et 11 h, votre ascendant est le Serpent.

Le Coq ascendant Serpent, contrairement à ses congénères, n'aime pas particulièrement être à l'avant-scène. Au contraire! Si on lui donne le choix, il choisira d'œuvrer dans les coulisses. Rusé, un peu mystérieux, il garde ses pensées et ses opinions pour lui.

- Si vous êtes né entre 11 h et 13 h, votre ascendant est le Cheval.

Charismatique, énigmatique et énergique, le Coq ascendant Cheval utilise son intuition légendaire pour avancer dans la vie. Doté de réflexes rapides, il sait toujours comment réagir en toutes circonstances. Excellent organisateur, il ne s'engage jamais dans des entreprises impossibles malgré son côté un peu frivole.

- Si vous êtes né entre 13 h et 15 h, votre ascendant est la Chèvre.

Le Coq ascendant Chèvre est un être équilibré qui sait mettre de l'eau dans son vin quand c'est nécessaire, mais qui sait également être tout à fait implacable quand ses intérêts ou sa sécurité sont en jeu. D'agréable compagnie, il est facile de s'entendre avec lui même si, parfois, il est un peu effronté et crâneur.

- Si vous êtes né entre 15 h et 17 h, votre ascendant est le Singe.

Le Coq ascendant Singe est toujours prêt pour l'aventure et les risques. En outre, l'acuité intellectuelle du Coq alliée à l'agilité d'esprit du Singe en font un être parfaitement habile et à l'aise dans n'importe quelle situation. C'est toujours avec un sourire sympathique et espiègle qu'il délègue aux autres les tâches désagréables.

- Si vous êtes né entre 17 h et 19 h, votre ascendant est le Coq.

Avec un Coq ascendant Coq, n'essayez jamais de bâcler le travail. Son souci des détails le rend presque fanatique. Extrêmement méticuleux, il a un esprit tellement critique qu'il en devient souvent insupportable. Ceci dit, ce type de Coq est doté d'une remarquable intelligence et est un des plus efficaces de tous les signes de l'horoscope chinois.

- Si vous êtes né entre 19 h et 21 h, votre ascendant est le Chien.

Le Coq ascendant Chien est un incorrigible idéaliste doté d'une remarquable facilité d'expression. Sensiblement moins arrogant et moins critiqueur que les autres Coq, il peut, cependant, être incroyablement opiniâtre quand il a une idée en tête et calculateur quand ses intérêts sont en jeu.

- Si vous êtes né entre 21 h et 23 h, votre ascendant est le Cochon.

Le Coq ascendant Cochon est un bon samaritain qui n'hésite jamais à venir en aide à qui le sollicite. Occasionnellement, il vous viendra même en aide alors que vous n'en avez nullement besoin. Altruiste, il est incapable de méchanceté ou de malhonnêteté. Pour lui, la vie sociale est très importante.

Le Coq à travers les années

L'année du Rat (1996, 2008)

L'année du Rat est une année plutôt difficile pour le Coq. Il éprouve de nombreuses difficultés financières et même ses meilleurs amis ne peuvent lui venir en aide. C'est seul qu'il devra affronter et régler ses problèmes. Sur le plan familial, ce n'est guère mieux. Il y a de l'électricité dans l'air et l'atmosphère est sombre. La santé est à l'image du reste.

L'année du Bœuf (1997, 2009)

La roue tourne et le Coq récupère. Les problèmes financiers se résolvent et, enfin, le Coq reçoit cette aide tant atttendue, tant espérée. Sur le plan affectif, il y a un renouveau amoureux qui met du baume au cœur du Coq. Cependant, ce natif doit être encore très prudent quant à sa santé, car elle n'est guère solide. Possibilité de naissance ou de mariage.

L'année du Tigre (1998, 2010)

Pour le Coq, une année où les événements se bousculent. Sur le plan financier, c'est une année extrêmement heureuse et lucrative. S'il arrive à modérer son optimisme et à mettre de côté ses éternels rêves de grandeur, le Coq passera une excellente période. Côté amoureux, un surcroît de travail rend le Coq bien peu disponible.

L'année du Lapin (1999, 2011)

Une année moyenne durant laquelle le Coq ne doit faire aucun investissement risqué ni s'adonner à la spéculation, car il risque de perdre beaucoup d'argent. Il doit investir dans les choses sûres. Certaines dépenses imprévues viennent faire des brèches dans son budget. Pour de meilleurs résultats, en cette année du Lapin, le Coq doit être un peu moins indépendant et accepter de se rallier aux équipes gagnantes.

L'année du Dragon (2000, 2012)

Pour le Coq, les succès se multiplient en cette année du Dragon. Il reprend les rênes du pouvoir et s'assure une position stable et fructueuse. Il redevient maître de son destin et le ciel lui donne l'occasion de façonner son destin à sa guise. Sur le plan affectif, le Coq agit de façon très avisée et donne à chacun l'attention dont il a besoin.

L'année du Serpent (2001, 2013)

Encore une année merveilleuse pour le Coq. Ses finances sont florissantes car même s'il n'y a pas de nouveaux gains notables, le Coq arrive à faire fructifier ses avoirs actuels avec une grande aisance. Certaines rumeurs vont courir à son sujet, mais il ne doit pas y accorder d'importance: elles sont l'œuvre d'adversaires jaloux et envieux.

L'année du Cheval (2002, 2014)

Au cours de cette année du Cheval, le Coq doit s'attendre à faire face à de nombreux obstacles. Il est primordial pour ce natif d'être extrêmement prudent côté financier et d'être prêt, en outre, à faire quelques compromis. Sur les plans affectif et familial, l'harmonie règne, ce qui est d'un grand secours et d'un grand réconfort pour le Coq.

L'année de la Chèvre (2003, 2015)

Durant l'année de la Chèvre, un ange veille sur le Coq. Sur le plan professionnel, il reprend sa vitesse de croisière et gagne une promotion. Cette dernière devrait lui donner la chance de s'offrir, et d'offrir à sa famille, des vacances bien méritées. Il doit apprendre à profiter un peu des plaisirs de l'existence, sans quoi il passera à côté de bien bonnes choses.

L'année du Singe (2004, 2016)

Une année plutôt défavorable pour le Coq. Certains problèmes financiers graves, une faillite par exemple, risquent de lui donner de sérieuses migraines. Il se retrouve seul, face à ses difficultés, et il tourne en rond, incapable de trouver de l'aide. Une année de solitude, de peine et de tourments. Il doit s'offrir une honnête prise de conscience, réviser certains de ses jugements et admettre qu'il a fait des erreurs.

L'année du Coq (2005, 2017)

L'année du Coq, pour le Coq, c'est le retour en force après un arrêt bien involontaire. Tous ses problèmes se résolvent et il peut prendre un nouveau départ. Certaines personnes influentes prennent contact avec lui et lui donnent, sur le plan professionnel, un bon coup de main. Côté familial, il subsiste encore un peu de tension, mais le Coq s'affaire à réinstaller l'harmonie.

L'année du Chien (2006, 2018)

En cette année du Chien, le Coq peut enfin dire: «Mission accomplie!» Il a réussi à restaurer tout ce qui avait été abîmé ou détruit au cours des années précédentes. Si les gains financiers sont moyens, les pertes sont quasiment inexistantes, ce qui procure au Coq une certaine aisance. Il en profite pour s'offrir un voyage et quelques divertissements inhabituels.

L'année du Cochon (2007, 2019)

Une année faite de nombreuses perturbations. Les préoccupations abondent et les difficultés jaillissent de toutes parts, dans tous les domaines. Sur le plan professionnel, tout tourne au ralenti. Les conflits se multiplient tant au travail qu'à la maison, et la santé du Coq s'en ressent. En fait, il ne sait plus sur quel pied danser. Il doit absolument trouver l'équilibre entre un pessimisme lugubre et un optimisme hors-propos.

Les compatibilités

Coq / Rat

Une relation empreinte de difficultés, car le Coq et le Rat ont, la plupart du temps, beaucoup de mal à s'endurer. En fait, ils préfèrent s'éviter, alors pour l'amour...

Coq / Bœuf

Le Coq et le Bœuf partagent de nombreux intérêts et il y a, entre eux, une excellente communication. Une équipe gagnante sur tous les plans.

Coq / Tigre

Les accrochages et les conflits entre le Coq et le Tigre sont nombreux. Une relation qui ne sera jamais facile ni harmonieuse.

Coq / Lapin

La communication entre le Coq et le Lapin est quasiment impossible. Leurs contacts comportent toujours des malentendus et ils ont très peu de choses en commun.

Coq / Dragon

Une relation belle et durable. Bonne communication et nombreux champs d'intérêt communs. Fameuse équipe dans tous les domaines.

Coq / Serpent

Une confiance, une compréhension et un respect mutuels font de cette relation une union prospère, heureuse et durable.

Coq / Cheval

La relation entre le Coq et le Cheval peut s'avérer bonne s'ils arrivent à régler certains différends très importants. Cependant, cette combinaison réussit plus facilement en affaires qu'en amour.

Coq / Chèvre

Une relation faite de réserve mutuelle. En réalité, le Coq et la Chèvre se tolèrent plus qu'ils ne s'apprécient. À éviter!

Coq / Singe

Une union plutôt rigide et distante, bien que faite de respect mutuel. À réserver pour les relations professionnelles.

Coq / Coq

Un Coq, c'est déjà pas mal, alors deux! Il y a entre eux une éternelle lutte pour le pouvoir et, comme nul n'est prêt à faire de compromis, cette relation est vouée à l'échec.

Coq / Chien

Une relation à déconseiller à cause d'une très mauvaise communication et de l'absence de goûts communs.

Coq / Cochon

Deux échelles de valeurs diamétralement opposées. Aucune compréhension l'un de l'autre, mais une capacité à collaborer dans le travail.

LE CHIEN

Nom chinois: GOU
Ordre parmi les signes: 11e
Polarité: +
Élément invariable: Métal
Signe zodiacal correspondant: Balance
Mois: Octobre
Saison: Automne
Direction: Ouest-nord-est
Heures où l'influence du Chien prédomine: 7 h à 9 h

Les années du Chien

Début du cycle	Fin du cycle	Élément
10 février 1910*	29 janvier 1911**	Métal
28 janvier 1922	15 février 1923	Eau
14 février 1934	3 février 1935	Bois
2 février 1946	21 janvier 1947	Feu
18 février 1958	7 février 1959	Terre
6 février 1970	26 janvier 1971	Métal
25 janvier 1982	12 février 1983	Eau
10 février 1994	30 janvier 1995	Bois
29 janvier 2006	17 février 2007	Feu

* Si vous êtes né le 9 février 1910, votre emblème est le Coq.

** Si vous êtes né le 30 janvier 1911, votre emblème est le Cochon.

L'année du Chien

L'année du Chien provoque, chez tous les individus, un idéalisme accru et une recherche de paix et d'harmonie qui se manifestent, le plus souvent, par une prédisposition plus grande que d'ordinaire à la générosité, à la charité et à la compassion.

Cependant, cette recherche d'harmonie est extrêmement paradoxale puisqu'elle force, comme c'est le cas lors de changements profonds, à semer d'abord l'inquiétude et la panique avant d'accorder la paix. Il y aura des tentatives de rébellion devant les réformes, mais les esprits s'ouvriront. En d'autres mots, une certaine dissension précède le bonheur.

De nombreux projets valables se concrétisent en cette année du Chien. C'est une année où les mots «égalité des droits et privilèges» veulent enfin dire quelque chose.

C'est aussi une année où la course à l'argent est moins importante que les réflexions qui tendent à établir un certain équilibre dans les valeurs de chacun. Une année de prise de conscience qui vise à rétablir la matérialité et la spiritualité.

Comme tous les individus sont prêts à accepter de bon gré l'autorité et les principes fondamentaux de la hiérarchie, les conditions de vie seront stables. Chacun pourra profiter de cette période d'accalmie pour mettre de l'ordre dans ses affaires amoureuses, familiales et professionnelles.

Les gens, en général, seront plus portés, en cette année du Chien, à être plus fidèles tant envers eux-mêmes qu'envers les autres.

Une année de détente, de réflexion, de relaxation et de compassion.

La personnalité du Chien

QUALITÉS: Remarquable sens de l'amitié, goût de la justice, dignité, noblesse, intelligence, logique, sens pratique, sens des responsabilités, solidité, persévérance, débrouillardise et intuition. Le natif du Chien est généralement quelqu'un de très beau.

DÉFAUTS: Tendance marquée au pessimisme, autoapitoiement, naïveté, crédulité, nervosité, paranoïa, manque de tact et de diplomatie.

Calme, ordonné, doté d'un caractère affable et aimable, le natif du Chien est un être généreux, toujours prêt à rendre service, à venir en aide à ceux qui le sollicitent et à recueillir, avec sagesse et discrétion, les confidences qu'on veut bien lui faire.

Il faut plus que des apparences et des rumeurs pour que le Chien se fasse une idée et porte un jugement. Méthodique, juste, il prend toujours le temps de peser le pour et le contre.

Sérieux et sage, c'est le meilleur et le plus fidèle ami de tous les signes du zodiaque chinois.

Épris de justice, c'est un pur. Franc et direct, même s'il prend son temps pour juger de la valeur de quelqu'un, quand cela est fait, il a la fâcheuse tendance à cataloguer arbitrairement les individus en deux groupes: les bons et les méchants.

En fait, le Chien a confiance en vous, ou pas du tout. Si vous faites partie des privilégiés, alors il ne tolèrera pas la moindre injustice à votre égard et ne permettra jamais à personne de médire de vous, même à la blague. En contrepartie, vous ne devrez jamais le tromper ou le trahir, car vous seriez aussitôt inscrit sur la liste noire, sans espoir de pardon.

Avec le Chien, pas de fioritures dans les discours. Il est franc, direct et ne mâche pas ses mots.

Tout à fait capable de prendre des décisions, le Chien ne cherche jamais à éviter l'inévitable. Pour lui, c'est une inutile perte de temps. De toutes façons, il sait toujours, dans les bons comme dans les mauvais moments, où trouver et comment aller chercher les ressources nécessaires pour parvenir à ses fins ou régler ses difficultés.

Noble et aristocrate, il est souvent nommé, en raison de sa grande logique, au poste de meneur même s'il n'aime pas particulièrement assumer ce rôle. Mais il lui revient souvent tout naturellement grâce à son grand sens des responsabilités.

Le Chien est capable de supporter le stress avec stoïcisme et peut travailler aussi sous pression. Par ailleurs, il ne cherche pas la richesse et n'est pas particulièrement attiré par l'argent. Il préfère jouir des petits plaisirs qu'offre gracieusement et si abondamment la vie plutôt que de courir après la fortune.

Solide, persévérant, résistant, il sait ce qu'il attend de la vie et travaille sans répit pour atteindre ses buts.

Par ailleurs, peu importe le degré de réussite professionnelle ou sociale qu'il atteindra, ce natif ne reniera jamais ses origines.

Quand les choses ne sont pas à son goût, le Chien devient excessivement pessimiste et tourmenté. En outre, si on néglige de lui porter toute l'attention à laquelle il croit avoir droit, il devient morose, boudeur et se referme alors comme une huître.

Les cinq grands types de Chien

Le Chien de métal (1910, 1970, 2030)

Rigide, austère, grave et sérieux, le Chien de métal est également un être charitable et noble, généreux et toujours prêt à venir en aide à ceux qui s'aident eux-mêmes.

Doté d'une grande discipline, ce natif sait ce qu'il veut et ne prend pas mille sentiers détournés pour atteindre ses buts. Il s'y rend, en ligne droite et directe, sans jamais tergiverser.

Engagé, il est authentique, absolu et quand il décide de s'investir dans la défense d'une cause, il y est entièrement dévoué.

Très discipliné, le Chien de métal est extrêmement critique et inflexible, surtout en ce qui concerne l'obéissance aux lois. Par ailleurs, la moindre injustice lui cause une grande peine et un réel dégoût; il fera tout ce qui est en son possible pour redresser les torts causés par les iniquités.

Il a des principes élévés et il en exige le respect de la part des membres de son entourage. Ceux qui résistent sont invités à ne plus passer le seuil de sa porte.

Ce type de Chien, dont l'élément fixe est le métal, en fait un individu terriblement puissant. C'est l'exercice de son libre arbitre qui déterminera si cette puissance sera utilisée de façon négative ou positive.

Le Chien n'est pas de ceux qui désertent le navire quand il coule. Il n'est jamais ni hésitant ni pleutre. C'est un cœur vaillant et déterminé.

Le Chien d'eau (1922, 1982, 2042)

Le Chien d'eau est le plus posé, le plus réfléchi, le plus sérieux et le plus calme de tous les Chien. Flegmatique, il préfère, comme son élément, suivre le cours des choses et des événements plutôt que de résister et de risquer non seulement de perdre de l'énergie, mais aussi de se blesser inutilement.

Les natifs du Chien d'eau sont des individus d'une beauté aussi bien extérieure qu'intérieure. En outre, ils manifestent une très grande bonté et une réelle indulgence pour les travers des gens qui les entourent.

C'est un être intuitif qui évite de se poser trop de questions. Il aborde la vie avec beaucoup de philosophie et ne se casse jamais la tête pour des futilités. En outre, il exerce sur ses émotions un excellent contrôle.

Sympathique, d'agréable compagnie, le Chien d'eau a une remarquable capacité d'écoute; ses jugements et ses conseils sont toujours fort avisés. Son ouverture d'esprit fait qu'on l'accuse souvent, à tort, d'être trop libéral. En fait, son indulgence est dictée par son grand cœur. Bénévole par excellence, il ne rechigne jamais à accomplir des tâches pour venir en aide aux autres.

Par ailleurs, le Chien d'eau ne dédaigne pas, à l'occasion, donner libre cours à son esprit d'aventure.

Le Chien de bois (1874, 1934, 1994)

Le Chien de bois est un individu généreux et très affectueux qui recherche avant tout la stimulation intellectuelle. Aimable et affable, c'est un être de société qui aime faire partie d'un groupe si cette affiliation l'autorise à exercer son pouvoir.

Énergique, il aime s'entourer de gens forts, intelligents, actifs, éveillés, intenses et influents.

Exigeant pour ce qui est de l'esthétique, il a besoin, pour s'épanouir, d'être entouré, dans le quotidien, de belles choses et de gens raffinés. En outre, s'il aime l'argent, c'est généralement pour le confort et le bien-être qu'il peut lui offrir. En réalité, ce Chien vise d'abord et avant tout l'atteinte de l'équilibre et l'accomplissement de soi à travers une constante évolution.

Chaleureux, enthousiaste, humble et très populaire, le Chien de bois est un excellent négociateur, doublé d'un travailleur acharné qui atteint très jeune un degré de maturité.

Le Chien de bois est un être ensorcelant avec qui il fait bon vivre et s'amuser, mais il doit apprendre, toutefois, à être un peu plus indépendant même si cela doit lui occasionner des conflits, particulièrement avec lui-même.

Le Chien de feu (1886, 1946, 2006)

Extraverti, charismatique, énergique, indépendant et courageux, le Chien de feu, qui aime bien dramatiser juste pour le plaisir, est un être séduisant, particulièrement populaire auprès des membres du sexe opposé.

Honnête, créatif et déterminé, il travaillera toute sa vie, sans répit, pour atteindre ses objectifs et connaître la victoire. Et il y arrive généralement en mettant à profit son remarquable don de persuasion.

Sur le plan professionnel, bien qu'il soit un artiste dans l'âme et qu'il ne dédaigne pas, à l'occasion, s'offrir quelques aventures, il n'est cependant pas un bohème impénitent. Au contraire! Il est sérieux, réfléchi, raisonnable et il cherche à établir une certaine stabilité dans sa vie. À cet égard, il est puissant et déterminé.

Indépendant, extraverti, charismatique, il est un ami agréable qui aime bien faire la fête, sortir et recevoir, être entouré de ceux qu'il aime et qu'il estime, et collectionner les succès dans tous les domaines.

Mais attention! Si le Chien de feu est généralement un joyeux compagnon, il peut devenir féroce et méchant quand il est attaqué. Par ailleurs, si on le force à agir contre son gré, il devient rebelle et méfiant.

Le Chien de terre (1898, 1958, 2018)

Prudent, posé et réfléchi, le Chien de terre est le plus pratique, le plus pragmatique et très certainement le moins sentimental de tous les Chien. Loyal, fidèle à ses amis comme à ses convictions, il prend toujours note de l'opinion des autres avant d'établir ses principes et de prendre ses décisions. En outre, il est capable de relativiser l'importance d'une victoire comme celle d'un échec. En fait, le succès ne lui monte pas à la tête et l'échec ne le plonge pas dans la dépression.

Réaliste et pratique, avec lui, pas de tergiversations: on passe rapidement de la réflexion à l'action. Cependant, il ne faut pas croire que ce natif se jette n'importe comment dans n'importe quelle aventure. Au contraire! Il est extrêmement vigilant et prudent, et il regarde toujours où il met les pieds avant de s'engager.

Très exigeant pour lui-même, le Chien de terre a tendance à en prendre toujours un peu trop sur ses épaules. Idéaliste, individualiste, penseur, il aime s'adonner à la méditation si celle-ci lui permet de devenir plus constructif. L'argent n'est pas une fin pour lui ni un but. C'est tout simplement un moyen efficace de préserver son indépendance. Silencieux et secret, il est souvent une source d'inspiration pour les autres.

Les ascendants du Chien

- Si vous êtes né entre 23 h et 1 h, votre ascendant est le Rat.

Sympathique, aimable, gentil, le Chien ascendant Rat est d'agréable compagnie tant qu'il n'a pas à sortir d'argent. En effet, il est très matérialiste et, par conséquent, très économe. Il aime amasser de l'argent, en dépense peu pour lui-même et n'en dilapide jamais pour des futilités.

- Si vous êtes né entre 1 h et 3 h, votre ascendant est le Bœuf.

Conservateur, modéré en tout, sobre dans son environnement, on reproche parfois au Chien ascendant Bœuf de manquer de créativité, d'imagination et d'esprit d'invention. Mais bien qu'il ne soit pas du tout fantaisiste, c'est avec beaucoup de conviction et d'aplomb qu'il défend ses idées.

- Si vous êtes né entre 3 h et 5 h, votre ascendant est le Tigre.

Brave, vaillant et travaillant, le Chien ascendant Tigre fait preuve, dans tout ce qu'il fait, d'un enthousiasme qui s'avère un puissant stimulant pour les gens de son entourage. Passionné et chaleureux, il est cependant un peu trop critique tant envers lui-même qu'envers les autres.

- Si vous êtes né entre 5 h et 7 h, votre ascendant est le Lapin.

Le Chien ascendant Lapin examine sous tous les angles chaque situation et en pèse le pour et le contre avant de prendre une décision. Chaleureux et accueillant, il sait se détendre et prendre la vie du bon côté. Il n'a aucun mal à exprimer ses émotions.

- Si vous êtes né entre 7 h et 9 h, votre ascendant est le Dragon.

Dogmatique, le Chien ascendant Dragon n'hésite pas à exprimer avec fougue ses convictions spirituelles en tentant d'amener les gens de son entourage à adhérer à ses principes. Idéaliste, il a un côté missionnaire qui le porte à s'engager beaucoup dans les actions bénévoles.

- Si vous êtes né entre 9 h et 11 h, votre ascendant est le Serpent.

Calme, tranquille et plutôt du genre silencieux, le Chien ascendant Serpent n'aime pas faire de vagues. Adroit, compétent et doté d'une acuité intellectuelle supérieure à la moyenne, il est plus opportuniste qu'idéaliste et, quand il s'agit de faire de l'argent, ses grands principes d'honnêteté s'assouplissent.

- Si vous êtes né entre 11 h et 13 h, votre ascendant est le Cheval.

Extrêmement indépendant, le Chien ascendant Cheval est toujours prêt à partir à l'aventure. Il n'est le meilleur ami de personne et celui de tout le monde à la fois. Il sait rendre les gens heureux mais, en même temps, comme il est très instable, ses départs intempestifs brisent souvent les cœurs.

- Si vous êtes né entre 13 h et 15 h, votre ascendant est la Chèvre.

Le Chien ascendant Chèvre est un artiste dans l'âme. Ses intentions sont toujours pures, il est tendre, doux et sympathique. Irréductible pessimiste, il est d'une grande tolérance envers autrui. Il supporte et comprend les faiblesses et la fragilité des membres de son entourage.

- Si vous êtes né entre 15 h et 17 h, votre ascendant est le Singe.

Créatif, amusant et jovial, le Chien ascendant Singe est reconnu pour sa drôlerie et son grand sens de l'humour. Il ne prend rien trop au sérieux et ne caresse aucun idéal. Ses principes moraux et sa conscience fluctuent selon ses besoins. Polyvalent, ses intérêts sont nombreux et très diversifiés.

- Si vous êtes né entre 17 h et 19 h, votre ascendant est le Coq.

Quel prêcheur! Le Chien ascendant Coq ne se gêne pas pour dire aux autres ce qu'ils doivent faire. En outre, il parle, il parle, mais il n'agit guère. Son esprit analytique, cartésien et logique fait qu'il a souvent de la difficulté à passer de la théorie à la pratique.

- Si vous êtes né entre 19 h et 21 h, votre ascendant est le Chien.

Le Chien ascendant Chien voudrait bien être le sauveur de l'humanité. Il a besoin de clamer bien haut ses idéaux et d'avoir toujours sous la main une cause à défendre. Extraverti, il est d'une honnêteté à toute épreuve mais, généralement, il reste sur la défensive.

- Si vous êtes né entre 21 h et 23 h, votre ascendant est le Cochon.

Ce que cherche d'abord et avant tout le Chien ascendant Cochon, c'est d'assouvir sa libido. Constamment à la recherche de plaisirs et de satisfaction des sens, il n'a aucun mal à exprimer ses désirs et ses émotions. Sensuel jusqu'au bout des doigts, il est extrêmement indulgent pour lui comme pour les autres.

Le Chien à travers les années

L'année du Rat (1996, 2008)

L'année du Rat est chanceuse pour le Chien. Il a énormément de succès tant sur les plans affectif que professionnel. Cependant, il doit éviter de prêter de l'argent, car il pourrait avoir beaucoup de difficultés à le récupérer. Des revenus inattendus viennent lui mettre du baume au cœur. Excellente santé. Quelques problèmes mineurs sur le plan familial.

L'année du Bœuf (1997, 2009)

Les décisions sont difficiles à prendre cette année pour le Chien. Il devra éviter toutes confrontations avec ses amis, ses associés, ses supérieurs ou ses collègues de travail. Il a certaines décisions difficiles à prendre, quelques concessions à faire, mais il devra s'y résoudre s'il ne veut pas perdre le peu de pouvoir qu'il lui reste. Dépenses inattendues.

L'année du Tigre (1998, 2010)

Pour le Chien, l'année du Tigre est relativement heureuse. En fait, il n'y a pas de graves problèmes ni de conflits majeurs en perspective. Il y a bien quelques malentendus sur le plan amoureux, mais rien de trop sérieux. Les revenus sont stables, et la vie s'écoule paisiblement.

L'année du Lapin (1999, 2011)

L'année du Lapin est idéale pour les natifs du Chien qui désirent lancer leur propre entreprise. Les étoiles sont favorables et permettent l'érection de choses solides et durables. Bien sûr, quelques problèmes mineurs jalonnent la route du Chien, mais ils se résolvent avec beaucoup d'aisance. Une année favorable également pour les associations.

L'année du Dragon (2000, 2012)

Une année difficile en perspective pour le natif du Chien, car l'année du Dragon annonce une féroce compétition sur tous les plans. Le Chien doit combattre durement pour préserver son statut et ses acquis. Certaines personnes tentent de tirer profit de sa vulnérabilité. Il aurait avantage à se joindre aux plus forts plutôt qu'à lutter contre eux.

L'année du Serpent (2001, 2013)

L'année du Serpent propose au Chien une période d'accalmie et d'aisance. Il reçoit la reconnaissance qui lui est due pour le travail accompli. La chance revient sur le plan professionnel et le Chien profite de cette trêve au travail pour partager, un peu plus que de coutume, avec les membres de sa famille.

L'année du Cheval (2002, 2014)

Encore une très belle année pour le Chien que celle du Cheval: croissance, progrès, chance, avancement professionnel, acquisition de pouvoir et accroissement des revenus. Par contre, sur le plan affectif, les relations sont plutôt tièdes. Il faut multiplier les sorties en couple ou en famille, et augmenter les divertissements et les petits voyages.

L'année de la Chèvre (2003, 2015)

Cette année, pour le Chien, il y a beaucoup moins d'occasions. Il devra être conservateur et se tenir tranquille pour un certain moment. Mais les pertes seront minimes s'il sait agir avec tact et doigté. Il faut surtout éviter les confrontations. Le Chien doit garder son sang-froid, ne pas être inutilement inquiet et cultiver sa patience.

L'année du Singe (2004, 2016)

Sur le plan professionnel, le Chien ne connaît ni succès ni échecs retentissants. C'est une année peu fructueuse avec, en plus, des dépenses inattendues qui font quelques brèches dans le budget. En bref, c'est une année modérée durant laquelle le Chien peut se permettre de faire un peu la fête, sans trop dépenser, et de profiter du bonheur familial qui prévaut.

L'année du Coq (2005, 2017)

Le ciel du Chien est assombri par des problèmes de santé et de la discorde au sein du couple ou de la famille. Sur le plan professionnel, il reçoit très peu de compréhension et les amis, en cette période de disette, se font on ne peut plus discrets. Difficultés avec des investissements antérieurs.

L'année du Chien (2006, 2018)

Si cette année ne procure pas au Chien des gains substantiels ou des profits notables, elle lui offre tout au moins la reconnaissance de ses pairs sur le plan professionnel. Par ailleurs, il profite d'une trêve au travail pour accroître ses connaissances, peut-être par le biais d'un recyclage scolaire. C'est une année idéale pour réfléchir et pour méditer.

L'année du Cochon (2007, 2019)

C'est une année paisible et sereine pour le Chien qui bénéficie d'importantes rentrées d'argent. Cependant, il doit différer la mise sur pied de certains de ses projets à cause de délais imprévus et imprévisibles. Sur le plan social, il se fait de nouveaux amis qui exerceront, un peu plus tard, une influence bénéfique et lucrative sur sa vie.

Les compatibilités

Chien / Rat

Le Chien et le Rat font une bonne équipe tant sur le plan affectif que sur le plan professionnel. Leur relation est basée sur une certaine admiration mutuelle.

Chien / Bœuf

À éviter à tout prix. Le Chien et le Bœuf éprouvent l'un pour l'autre une antipathie naturelle et n'ont aucune affinité.

Chien / Tigre

Relation très compatible. Le Chien et le Tigre sont assurés de connaître ensemble l'amour et la prospérité. Ils se comprennent sans se parler.

Chien / Lapin

Excellente relation dans tous les domaines. Confiance mutuelle à toute épreuve, grande complicité, beaucoup d'affinités.

Chien / Dragon

Une relation vouée à l'échec à cause d'une absence totale de confiance, de compréhension et de complicité.

Chien / Serpent

Une relation faite de respect et de coopération. Sans conflits majeurs, mais sans passion, cette union devrait être réservée pour les relations amicales ou professionnelles.

Chien / Cheval

Une excellente relation tant sur le plan professionnel que sur le plan amoureux, faite de confiance et de complicité. Un partage d'affinités rend cette union durable et profonde.

Chien / Chèvre

Le Chien et la Chèvre ont bien peu de goûts en commun. Ils ont peine à se tolérer et à s'endurer mutuellement. À éviter.

Chien / Singe

Le Chien et le Singe sont compatibles. Leur relation évolue dans un respect mutuel, et ils sont complices tant sur le plan amoureux que sur le plan professionnel.

Chien / Coq

Une relation faite d'animosité, d'inimitié et de grandes difficultés de communication. Entre le Chien et le Coq, il y a difficilement compatibilité.

Chien / Chien

Sur le plan professionnel, les Chien sont capables de travailler ensemble dans des buts communs. Côté amoureux, c'est une belle relation dénuée de conflits.

Chien / Cochon

Une relation moyenne pour ce qui est des liens amoureux, mais très bonne sur le plan de l'amitié. Il n'y a pas entre eux de luttes pour le pouvoir. Une union agréable.

LE COCHON

Nom chinois: ZHU
Ordre parmi les signes: 12e
Polarité: –
Élément invariable: Eau
Signe zodiacal correspondant: Scorpion
Mois: Novembre
Saison: Automne
Direction: Nord-nord-est
Heures où l'influence du Cochon prédomine: 9 h à 11 h

Les années du Cochon

Début du cycle	Fin du cycle	Élément
30 janvier 1911*	17 février 1912**	Métal
16 janvier 1923	4 février 1924	Eau
4 février 1935	23 janvier 1936	Bois
22 janvier 1947	9 février 1948	Feu
8 février 1959	27 janvier 1960	Terre
27 janvier 1971	15 janvier 1972	Métal
13 février 1983	1er février 1984	Eau
31 janvier 1995	18 février 1996	Bois
18 février 2007	6 février 2008	Feu

* Si vous êtes né le 29 janvier 1911, votre emblème est le Chien.

** Si vous êtes né le 18 février 1912, votre emblème est le Rat.

L'année du Cochon

L'année du Cochon en est une où foisonnent les bonnes intentions et où la bonne volonté est de mise. La serviabilité, la bienveillance et la prévenance du Cochon semblent être contagieuses et se propager à tous les individus.

En fait, le climat est excellent dans tous les domaines, mais plus particulièrement en affaires. Sur le plan international, cette bonne influence et cette atmosphère conciliante font refleurir l'industrie.

Bien peu d'obstacles obstruent la route des gens déterminés à réussir, car l'année du Cochon en est une de liberté, de facilités et d'abondance.

Cependant, bien que nous soyons très près de la parfaite *dolce vita*, il faut prendre garde car les gens, en général, seront portés à douter de leurs capacités et de leurs compétences.

L'année du Cochon occasionne un regain de libido et de sensualité. Les gens deviennent plus affectueux; ils ont une folle envie de ne plus se casser la tête et de profiter de tout ce que la vie offre.

Sur le plan professionnel, les investissements sont avisés et, même s'ils comportent quelques risques, il seront certainement fructueux dans la mesure où ils seront négociés avec toute la prudence requise.

En cette douce année, les divertissements, les voyages et les déplacements d'agrément seront plus nombreux que de coutume, car les individus seront portés à prendre la vie du bon côté. Les gestes de charité et de générosité se multiplient, et la satisfaction de tous est grande.

En bref, une année heureuse où les gens prennent conscience que le bonheur n'est pas nécessairement lié à la fortune et à la possession de biens matériels.

La personnalité du Cochon

QUALITÉS: Générosité, franchise, discrétion, modestie, charisme, douceur, intuition, réalisme, force, énergie, ambition, impétuosité, détermination, entrepreneurship, sens des responsabilités et de l'initiative, passion, loyauté, fidélité, robustesse, dignité, noblesse.

DÉFAUTS: Naïveté, crédulité, vulnérabilité, propreté ou désordre maladifs, goût de la luxure, sexualité exigeante et parfois déviante, obstination, irrésolution.

Le natif du Cochon est de ceux qui gagnent petit à petit la confiance des autres. Bien qu'il soit secret et introverti, c'est généralement lui qui fera les premiers pas en vue d'établir la communication avec ceux qu'il juge dignes d'un tel privilège.

Dans la vie, le Cochon cherche d'abord et avant tout la paix, l'équilibre et le sérénité. Il possède un don inné pour réunir autour d'une même table ou dans une même salle, et dans la plus parfaite harmonie, des gens de tous les milieux. Certes, il ne s'entend pas forcément bien avec tout le monde, mais il est tout au moins capable de cultiver des relations courtoises et polies.

Doté d'un grand cœur, le Cochon est incontestablement l'être le plus généreux de la terre. Il donne de façon parfaitement désintéressée et fait toujours passer les besoins des autres avant les siens.

C'est un être du présent, un être qui vit au jour le jour. Doté d'un caractère «bonhomme», il prend tout avec un grain de sel et se fâche rarement. Mais quand, poussé à bout, il le fait, il vaut mieux fuir, car ses colères sont d'une rare intensité.

Cependant, le Cochon est généralement d'une nature calme. Il ne se plaint jamais, et son plus grand plaisir est de gâter ceux qu'il aime et d'en prendre soin.

Comme il fait facilement confiance aux gens, comme il croit en leur bonté naturelle, le Cochon est évidemment une proie facile et vulnérable pour les prédateurs. En effet, il est toujours plutôt aisé d'abuser d'un Cochon, mais jusqu'à un certain point seulement, car c'est aussi un être intelligent qui possède une intuition et un flair certain pour distinguer le grain de l'ivraie. Néanmoins, il doit apprendre à se méfier des vautours.

Calme, de bonne écoute et de bon conseil, il ne faut cependant pas attendre du Cochon qu'il émette de grands principes philosophiques: c'est un réaliste et un terre à terre qui n'a rien à faire de la philosophie. Il aime la nature, car elle lui procure la paix du cœur, de l'âme et de l'esprit.

Robuste, entrepreneur, fort, courageux, sociable et populaire, le Cochon est capable d'admettre de bon gré ses erreurs. Généralement doté d'un bon moral, il met toute son énergie dans ce qu'il entreprend. D'une extraordinaire force de travail, il a de nombreux champs d'intérêt et est à l'aise n'importe où. Côté professionnel, il se fixe des buts et des objectifs, et travaille à les atteindre dans le plus grand respect d'autrui.

Émotif, passionné, extrêmement sensuel, il agit, sur le plan affectif, avec beaucoup d'intuition et d'instinct. Quand il a trouvé chaussure à son pied, il est un partenaire fidèle, loyal et dévoué.

Les cinq grands types de Cochon

Le Cochon de métal (1911, 1971, 2051)

Fier, passionné, énergique et intense, le Cochon de métal est sans aucun doute le plus dominateur de tous les Cochon. Ses appétits sont énormes, particulièrement quand il s'agit d'assouvir et de satisfaire ses sens et sa libido.

Extraverti, il est très ambitieux et pas toujours suffisamment objectif. Cependant, sur le plan des affaires, il peut être un adversaire redoutable.

Résistant et doté d'une remarquable endurance, le Cochon de métal est un être actif, fort et vigoureux qui possède une énergie immense et extraordinairement positive.

Toutefois, de tous les Cochon, c'est assurément celui qui exerce le moins de contrôle sur sa vie privée et sur ses émotions.

Sur le plan professionnel, comme il déteste perdre, en cas d'affrontements, c'est toujours après des luttes ardues et quand il n'y a plus rien à tenter que le Cochon concède, de très mauvaise grâce, la victoire à ses adversaires.

Côté amoureux, il est très affectueux et démonstratif. Il a besoin d'un partenaire qui a les mêmes appétits que lui et qui assume sa sexualité avec liberté et passion.

Quand les choses vont mal, le Cochon de métal a tendance à s'exprimer avec beaucoup trop d'agressivité, parfois même avec violence.

Le Cochon d'eau (1863, 1923, 1983)

Le Cochon d'eau est le plus gentil, le plus calme, le plus courtois et le plus poli de tous les Cochon. Diplomate, clément et tolérant, on pourrait même dire qu'il croit encore au père Noël!

Toujours fidèle à lui-même, à ses croyances et à ses convictions, c'est un être de grands principes qui cultive des valeurs élevées.

En outre, il est toujours conciliant et ne considère pas comme une blessure d'orgueil le fait de faire des concessions, des compromis ou de mettre de l'eau dans son vin.

Persévérant, perspicace, très diplomate, le Cochon d'eau est foncièrement bon et n'accepte de voir la roublardise et la méchanceté chez autrui que lorsqu'il est placé devant l'évidence.

Sur le plan professionnel, il est doté de toutes les aptitudes nécessaires pour affronter ses adversaires même s'il a la fâcheuse tendance à sous-estimer ses ennemis.

En raison de son extrême bonté et de sa pureté d'esprit et d'intentions, le Cochon d'eau est très facile à manipuler et, donc, très vulnérable. Par ailleurs, il aime les fêtes, les regroupements et les réjouissances de tous genres.

Authentique et sincère, il est quelqu'un de très respectueux des lois. Toutefois, ses impérieux besoins sexuels peuvent lui causer certaines difficultés.

Le Cochon de bois (1875, 1935, 1995)

Le Cochon de bois est un excellent organisateur et communicateur plutôt ambitieux, doté d'un remarquable pouvoir de persuasion.

Manipulateur hors pair, matérialiste convaincu, il est tout de même très généreux et capable de contribuer à des causes charitables et à venir en aide aux gens dans le besoin.

Sur le plan professionnel, c'est un très bon vendeur qui n'a aucun mal à trouver des gens prêts à investir dans ses projets. Le financement vient à lui sans qu'il ait à investir beaucoup d'efforts.

Mais s'il est un as de la promotion, il est aussi un incorrigible naïf, particulièrement dans ses associations, ce qui le rend très vulnérable. Ses amis ne sont pas toujours triés sur le volet et s'avèrent parfois être de fieffés brigands.

Il fait beaucoup profiter de lui, c'est vrai. Mais il récolte, en bienfaits divers et au centuple, ce qu'on lui vole sans scrupules car on aime donner au Cochon de bois.

Sur le plan social, ce qui plaît le plus à un Cochon de bois, c'est de rire et de faire rire les autres par mille facéties et bons mots. Comme il est très influençable, il peut tout aussi bien sombrer dans le vice que décider de polir ses vertus. Cela dépendra toujours des gens à qui il a décidé d'accorder sa confiance.

Le Cochon de feu (1887, 1947, 2007)

Aventurier, un peu casse-cou, fonceur, le Cochon de feu n'a pas peur de l'inconnu. Courageux, il vit toutes ses émotions avec beaucoup d'intensité.

Entêté (c'est très certainement de son tempérament qu'est issue l'expression *avoir une tête de cochon)*, il peut atteindre tous ses objectifs, car même si sa route est quelquefois couverte d'orties, il n'hésite pas à les écraser et à passer à travers.

Le Cochon de feu est déterminé, énergique et intrépide. Selon sa mentalité, il choisira soit de grimper jusqu'au sommet de l'échelle sociale, allant même jusqu'à devenir un héros ou un individu célèbre, soit de se noyer dans les profondeurs de la dégradation et de la décadence.

Optimiste de nature, il n'hésite jamais à tenter sa chance, car il a une grande confiance en ses capacités. En outre, il accorde des faveurs même au plus parfait étranger si la «gueule» de celui-ci lui plaît.

Doté d'une grande sensualité, l'amour est pour lui une importante motivation, et c'est très tôt qu'il cherchera à acquérir la stabilité tant émotionnelle que matérielle. Il aime aimer et a besoin d'être aimé. Quand on le pousse à bout, le Cochon de feu peut devenir brutal, grossier et même violent.

Le Cochon de terre (1899, 1959, 2019)

Paisible, pacifique, tranquille et responsable, l'élément terre donne à ce natif son côté pratique et productif. En effet, les récoltes du Cochon de terre sont généralement très abondantes. Reconnu pour sa patience, sa persévérance et sa grande stabilité, ce natif aime les activités et les occupations qui visent à améliorer son quotidien. Par ailleurs, il travaille toujours dans le but de s'assurer des lendemains toujours meilleurs et plus prospères.

Doté d'un solide sens des responsabilités, diligent, prudent, avisé et réfléchi, le Cochon de terre est capable de contrôler ses émotions, particulièrement le stress inhérent à sa vie professionnelle.

Sur le plan financier, il est aussi très prudent et avisé et ne dépense jamais les yeux fermés. Entièrement dévoué à sa famille, c'est pour celle-ci qu'il se pousse sans cesse dans le but avoué de toujours se surpasser.

Tolérant, clément, doux, affable et indulgent, ce Cochon a besoin de sécurité financière et affective. En tout temps, il recherche la tranquillité de corps et d'esprit, et l'harmonie dans tous les domaines.

Ami sûr, il est aussi un associé digne de confiance. Ses ambitions sont raisonnables, jamais démesurées et il est capable de relativiser ses problèmes en ne leur accordant que l'importance qu'ils méritent. Le Cochon de terre doit apprendre à réfréner sa gourmandise, et ce, dans tous les domaines de sa vie.

Les ascendants du Cochon

- Si vous êtes né entre 23 h et 1 h, votre ascendant est le Rat.

Le Cochon ascendant Rat a un grand besoin de sécurité financière et affective. Il est très sociable, a toujours beaucoup d'amis et sa compagnie est très agréable. C'est un Cochon meilleur en affaires que ses congénères grâce à l'influence du Rat.

- Si vous êtes né entre 1 h et 3 h, votre ascendant est le Bœuf.

Ferme dans ses opinions et ses principes, le Cochon ascendant Bœuf est un être fort, vigoureux qui aime bien la routine. Entêté, il est cependant plus souple que les autres Cochon. En outre, il maîtrise plutôt bien ses instincts sexuels et ses intenses émotions.

- Si vous êtes né entre 3 h et 5 h, votre ascendant est le Tigre.

Émotif, sensible, vulnérable, influençable, c'est dans les sports que le Cochon ascendant Tigre trouvera son exutoire et son épanouissement. Organisateur hors pair, il aime la compétition et la rivalité, et il adore accomplir des performances dont on parlera.

- Si vous êtes né entre 5 h et 7 h, votre ascendant est le Lapin.

On peut très certainement dire du Cochon ascendant Lapin que c'est un boute-en-train qui adore s'amuser et faire la fête avec les amis. Sage, modéré et un peu philosophe, il déteste se casser la tête pour des problèmes sur lesquels il n'a aucun contrôle.

- Si vous êtes né entre 7 h et 9 h, votre ascendant est le Dragon.

Le Cochon ascendant Dragon est un être fort, énergique, robuste, entièrement dévoué et fidèle à ceux qu'il aime. Bon, il n'a toujours que des intentions pures, ce qui le rend vulnérable et faible devant les gens avides et rapaces. Sa vie sera une succession d'échecs et de victoires.

- Si vous êtes né entre 9 h et 11 h, votre ascendant est le Serpent.

Persévérant, résistant, le Cochon ascendant Serpent est un méditatif, un contemplatif pour qui la maxime *La fin justifie les moyens* est toujours de mise. Peu scrupuleux, il poursuit ses buts en ligne droite en abattant, impitoyablement, tous les obstacles qui obstruent sa route.

- Si vous êtes né entre 11 h et 13 h, votre ascendant est le Cheval.

Bien qu'il soit capable de prendre soin des autres tout autant que de lui-même, le Cochon ascendant Cheval est plus égoïste que ses congénères en ce qui a trait à la recherche du profit et de la notoriété. Courageux, audacieux, il n'abandonne jamais en cours de route et deviendra très certainement célèbre.

- Si vous êtes né entre 13 h et 15 h, votre ascendant est la Chèvre.

Sympathique, émotif, reconnu pour être poli et courtois, le Cochon ascendant Chèvre est un grand sentimental qui se laisse souvent embobiner dans des affaires douteuses. Généreux et plein de compassion, il attire à lui les vautours et les malandrins. Mais une bonne étoile veille sur lui.

- Si vous êtes né entre 15 h et 17 h, votre ascendant est le Singe.

Le Cochon ascendant Singe est sans doute le plus habile et le plus rusé en affaires. Intuitif, il a un remarquable flair pour détecter les manœuvres illicites et douteuses dans lesquelles on tente de l'embarquer. Grâce à l'influence du Singe, ce natif perd beaucoup de sa naïveté.

- Si vous êtes né entre 17 h et 19 h, votre ascendant est le Coq.

Rêveur utopique, le Cochon ascendant Coq perd trop souvent le sens des réalités, ce qui en fait un être qui manque de sens pratique. Outrageusement généreux, il aime croire que tous les humains sont aussi bons que lui. Même quand une situation est irrémédiable, il refuse de lâcher prise.

- Si vous êtes né entre 19 h et 21 h, votre ascendant est le Chien.

Précis, méthodique, logique et direct, le Cochon ascendant Chien est incapable de tolérer l'injustice. Bien que son jugement soit solide et sûr, s'il est attaqué, ridiculisé ou critiqué, ses colères seront très fortes. Il possède un esprit de vengeance hors du commun.

- Si vous êtes né entre 21 h et 23 h, votre ascendant est le Cochon.

  Le Cochon ascendant Cochon possède, en deux fois plus intense, toutes les qualités et tous les défauts qui caractérisent ce natif. Un être merveilleux qu'il fait bon avoir près de soi, comme partenaire de vie ou tout simplement comme ami. C'est un être qui, derrière une façade parfois bourrue, dissimule le plus grand des cœurs.

Le Cochon à travers les années

L'année du Rat (1996, 2008)

Une année en dents de scie pour le Cochon, car il doit régler certains problèmes restés en suspens tant au travail qu'à la maison. Il y a quelques pertes financières, mais le Cochon, persévérant et optimiste, arrive à surmonter les difficultés et à renverser les obstacles qui se dressent, ici et là, sur sa route.

L'année du Bœuf (1997, 2009)

En cette année du Bœuf, le Cochon est doté d'une remarquable intuition qui lui fait prendre les bonnes décisions, au bon moment. Certaines spéculations rapportent beaucoup. Entêté et déterminé, il obtient de nombreuses satisfactions sur le plan professionnel. Par ailleurs, il doit ajuster son tir pour combler aussi son partenaire et les membres de sa famille.

L'année du Tigre (1998, 2010)

L'année du Tigre est difficile pour le Cochon qui devra faire face, seul, à tous les problèmes. De nombreuses dépenses imprévues viennent faire d'importantes brèches dans le budget, brèches qui forcent d'ailleurs le Cochon à emprunter de l'argent. Sur le plan affectif, les conflits sont nombreux et, côté professionnel, la méfiance est de mise.

L'année du Lapin (1999, 2011)

En cette année du Lapin, le Cochon ne doit pas s'attendre à des gains fabuleux. En fait, ils seront même très modestes. Le Cochon doit mettre cette période à profit pour consolider ses acquis et pour assurer sa position sur le plan professionnel. En ce qui concerne les liens affectifs, l'atmosphère est sereine et harmonieuse et les divertissements, plus nombreux que d'ordinaire.

L'année du Dragon (2000, 2012)

C'est une année plutôt tranquille pour le Cochon. Sur le plan professionnel, il fait des rencontres fort intéressantes qui auront des répercussions sur son avenir. Aimable, il gagne l'estime de ses supérieurs hiérarchiques. Cette reconnaissance de ses compétences, bien qu'elle ne rapporte pas de revenus supplémentaires, lui fait cependant grand plaisir.

L'année du Serpent (2001, 2013)

Sur le plan professionnel, l'année du Serpent est difficile pour le Cochon qui ne connaît qu'un succès très modéré. Côté affectif, il a de nombreuses préoccupations et beaucoup de problèmes avec les membres du sexe opposé. En outre, il doit éviter de spéculer, car il risque de perdre beaucoup. Bref, les mauvaises nouvelles s'accumulent. Patience!

L'année du Cheval (2002, 2014)

Une bonne année en général pour le Cochon, à condition qu'il évite de spéculer et de prendre des risques non calculés. Il ne doit pas, non plus, prêter d'argent, car il risque de ne plus jamais en revoir la couleur. L'année du Cheval, pour le Cochon, en est une de résolution de problèmes. Sur le plan affectif, les choses rentrent peu à peu dans l'ordre.

L'année de la Chèvre (2003, 2015)

C'est une année où se succèdent, pour le Cochon, dans une suite ininterrompue, les bonnes et les mauvaises nouvelles. La situation financière est précaire. Le Cochon doit mettre cette année à profit pour augmenter ses connaissances et pour s'offrir un recyclage professionnel. C'est le temps de faire de nouvelles expériences et de planifier l'avenir.

L'année du Singe (2004, 2016)

Encore une année de précarité financière et de manque d'argent pour le Cochon. Il doit envisager l'association ou le partenariat. En outre, des problèmes familiaux surgissent, prenant le Cochon au dépourvu. Par bonheur, il est bien entouré pour y faire face car, sur le plan affectif, tout va bien. C'est d'ailleurs l'amour qui lui apporte le plus grand réconfort.

L'année du Coq (2005, 2017)

L'année du Coq, pour le Cochon, est très occupée. En fait, les choses sont plutôt compliquées sur le plan professionnel, car des obstacles surgissent de partout, ralentissant sa course vers le succès et la prospérité. Il a besoin, en ce moment, de toute son énergie pour venir à bout de ses problèmes, ce qui fait qu'il a bien peu de temps à consacrer à l'amour et à la famille.

L'année du Chien (2006, 2018)

L'année du Chien est frustrante et décevante pour le Cochon qui cultive des attentes beaucoup trop grandes. Ses erreurs de jugement sont nombreuses et il va de déception en déception. Il doit prendre garde de ne pas mettre sa confiance en n'importe qui. Il trouve heureusement beaucoup de consolation dans sa vie amoureuse.

L'année du Cochon (2007, 2019)

C'est une année plus stable que les précédentes même si elle est jalonnée de conflits, de malentendus et de frictions tant à la maison qu'au travail. Elle est, malgré tout, une année de progrès et d'acquisition de nouvelles connaissances. Certaines situations délicates exigent du Cochon un tact et une diplomatie qui ne lui sont guère coutumiers. Sur le plan de la santé, il y a risque d'infections.

Les compatibilités

Cochon / Rat

Une relation tranquille, paisible et heureuse. De nombreux champs d'intérêt communs rapprochent le Cochon et le Rat. Ils se complètent merveilleusement bien.

Cochon / Bœuf

Bien qu'il n'y ait, entre le Cochon et le Bœuf, aucun conflit majeur, leur relation est rarement durable. À réserver pour une relation ami / amant.

Cochon / Tigre

Le Cochon et le Tigre sont très compatibles. Ils ont beaucoup de champs d'intérêt communs, de nombreuses affinités et ils forment également une bonne équipe sur le plan professionnel.

Cochon / Lapin

Une belle relation que celle qui peut s'établir entre le Cochon et le Lapin, car elle est basée sur une excellente communication et un respect mutuel.

Cochon / Dragon

Entre le Cochon et le Dragon, il y a de nombreux différends mais rien d'irréconciliable. Ils sont capables de travailler ensemble et leur union peut être heureuse si chacun met du sien.

Cochon / Serpent

À éviter à tout prix. Une relation hautement incompatible. Entre le Cochon et le Serpent, il existe une grande animosité. Ils sont incapables de se comprendre.

Cochon / Cheval

Une combinaison moyenne à réserver pour les relations de travail. Quelques goûts communs, mais pas de grande passion ni d'amour véritable.

Cochon / Chèvre

Une excellente combinaison faite d'amour, de respect et de complicité. Communication admirable et compréhension mutuelle. Relation heureuse.

Cochon / Singe

Une bonne combinaison. Nombreux champs d'intérêt communs et pas de conflit majeur entre le Cochon et le Singe qui se font mutuellement confiance.

Cochon / Coq

S'il doit y avoir relation, qu'elle soit sur le plan du travail car, entre le Cochon et le Coq, il y a un certain manque de communication qui rend les relations amoureuses difficiles.

Cochon / Chien

Une excellente combinaison tant sur le plan professionnel que sur le plan affectif. Pas de rivalité, pas de lutte de pouvoir entre ces deux signes, juste une belle complicité.

Cochon / Cochon

Incompatible. Les Cochon, entre eux, ont de grandes difficultés à résoudre leurs problèmes et ils luttent constamment pour savoir qui dominera l'autre.

TABLE DES MATIÈRES

ACHEVÉ D'IMPRIMER CHEZ
MARC VEILLEUX,
IMPRIMEUR À BOUCHERVILLE,
EN MAI MIL NEUF CENT QUATRE-VINGT-DIX-NEUF